Der Rechtsradikalismus
– ein Randphänomen?

Joachim Perels (Hrsg.)

Der Rechtsradikalismus – ein Randphänomen?

Kritische Analysen

Mit Beiträgen von
M. Buckmiller, K. Christoph, W. Kreutzberger
C. Lemke, S. Salzborn, Gert Schäfer

Offizin

Diskussionsbeiträge des Instituts für Politische Wissenschaft der Universität Hannover Band 30

http://www.offizin-verlag.de

ISBN 3-930345-40-4

fon: 0511 - 807 61 94
fax: 0511 - 62 47 30
Satz und typografische Gestaltung: Oliver Heins, Hannover
Druck: Uni-Druck, Hannover

Erstausgabe, 2003
Printed in Germany

Bibliografische Information Der Deutschen Bibliothek

Die Deutsche Bibliothek verzeichnet diese Publikation in der Deutschen Nationalbibliografie; detaillierte bibliografische Daten sind im Internet über http://dnb.ddb.de abrufbar.
ISBN 3-930345-40-4

Inhalt

Vorwort

Der Rechtsradikalismus ist kein bloßes Randphänomen. Er enthält gesamtgesellschaftliche Tendenzen, die unter bestimmten Bedingungen nicht ohne Wirkungen auf die politischen Entscheidungsträger bleiben.

Die Beiträge eint der Versuch, die rechtsradikalen Strömungen durch einen Totalitätsblick zu entschlüsseln, der ihren Stellenwert im politischen Prozess der Demokratie konkret bezeichnet. Dabei werden die Akzente verschieden gesetzt. Neuere empirische, eingehend interpretierte Forschungen zur Schill-Partei, zu nichtdemokratischen Einstellungen in Ost-Deutschland, zur besonderen Entwicklungsdynamik der politischen Rechten in den USA bilden einen Schwerpunkt. Er wird durch ideologiekritische Analysen der Positionen von Ernst Nolte, den Denkfiguren der politischen Spitzen der frühen Bundesrepublik und des aktuellen Geschichtsbilds des Bundes der Vertriebenen ergänzt.

Die Untersuchungen gehen im wesentlichen drei Fragen nach: dem Umgang mit der NS-Vergangenheit, den – oftmals widersprüchlichen – Verbindungslinien zwischen rechten Positionen und der sogenannten Mitte der Gesellschaft und dem Ursachengeflecht, aus dem der Rechtsradikalismus sich möglicherweise erklären lässt.

Das nationalsozialistische Herrschaftssystem – der Rechtsradikalismus an der Macht – ist der fundamentale kritische Bezugspunkt der Demokratie der Bundesrepublik. Der Rechtssatz, dass die Würde des Menschen unantastbar ist (Art. 1 GG), hält dies in epigrammatischer Klarheit fest. Diese Festlegung wird von Einzelnen und gesellschaftlichen Kräften, die nicht zum organisierten Rechtsradikalismus gezählt werden, aber in der öffentlichen Meinung starke Resonanz finden, mindestens relativiert. In unterschiedlicher form wird die originäre Struktur der NS-Verbrechen durch Fiktionen einer die Nazis halbrechtenfertigenden Kausalität, durch die Gleichsetzung der Ermordung der Juden mit der Vertreibung der Ostdeutschen nationalistisch aufgelöst. Hierzu gehört der immer noch geltende empirische Befund, dass zwar die Mehrheit der Bevölkerung den Nationalsozialismus ablehnt, sich aber zu ihm und seinen Zielen überwiegend ambivalent, wenn nicht zustimmend verhält.

Das Verhältnis von Rechtsradikalismus und liberal-demokratischen Prinzipien wird am Beispiel der Schill-Partei auf der Grundlage einer gerade abgeschlossenen empirischen Untersuchung verfolgt. Die Partei, die sich im demokratischen Spektrum ansiedelt und in Hamburg als Koalitionspartner im Senat fungiert, ist auf der Schnittstelle von Populismus, Rechtskonservatismus und rechtsradikalen Ideologieelementen angesiedelt. Sie ist im Unterschied zu abgeschotteten Rechtsaußen-Parteien, ein Gebilde besonderer Art. Bei aller Eigendynamik der rechten Gruppierungen in den USA, die aus einem anderen mit Westeuropa nicht vergleichbaren gesellschaftlichen Wurzelgrund wie des tradierten geistigen Verbindung der religiösen Rechten mit Teilen der Bush-Administration, die deren theologisches Arsenal für praktisch-politische Zwecke nutzt.

Die Entstehungsbedingungen des Rechtsradikalismus können nicht in einer allgemeinen Theorie eingefangen werden. Sie lassen sich nur historisch spezifisch an Hand der einzelnen Entwicklungsformen ansatzweise bestimmen. Exemplarisch wird die an dem – von der alten Bundesrepublik durchaus unterschiedenen – rechtsradikalen Potential in Ostdeutschland sichtbar, das erheblich über dem Durchschnitt Westdeutschlands liegt, Erklärbar ist dies weniger durch die Auswertung punktueller Meinungsumfragen als durch einen strukturellen Blick auf den historischen Prozess der DDR und ihres Untergangs. Der staatlich instrumentierte Antifaschismus, der nur eine selektive Wahrnehmung des Nationalsozialismus zuließ und als Zwangsunternehmen eher Abwehr erzeugte, und die überwiegende Verschlechterung der sozialen Lage im Gefolge der dauerhaften Etablierung der Demokratie durch die Wieder-Vereinigung trugen zu Einstellungen bei, die sich auf vielfältige Projektions- und Sündenbocksmechanismen gründen, die Halt in der prekären Gesamtsituation versprechen.

Für die Auseinandersetzung mit dem Rechtsradikalismus ist die theoretisch angeleitete Erkenntnis seiner Entstehungs- und Rechtfertigungsformen wichtiger als die Aufhäufung oftmals unzusammenhängender Einzelfakten. Nicht zuletzt dies zeigen die Beiträge dieses Bandes.

Am 1. April 2003 beendete Dr. Wolfgang Kreutzberger, langjähriger Akademischer Direktor am Institut für Politische Wissenschaft der Universität Hannover, seine dienstliche Tätigkeit. Aus diesem Anlass veranstaltete das Institut am 9. Mai 2003 ein wissenschaftliches Colloquium zu einem Thema, das von Kreutzberger maßgebend bearbeitet worden ist. Die Texte wurden auf der Tagung vorgetragen. Sie bilden – z. T. überarbeitet – den vorliegenden Band, ergänzt um einen eigenen Beitrag von Wolfgang Kreutzberger.

Hannover, Sept. 2003. Joachim Perels

Das Verbot der »Sozialistischen Reichspartei« (SRP) und die Verankerung ihrer Ideologie in der Gesellschaft

von Gert Schäfer

I

Bei der Vorbereitung dieser Veranstaltung zu Ehren Wolfgang Kreutzbergers wies mir Joachim Perels sozusagen den Blick in die Frühzeit der Bundesrepublik Deutschland zu, eine Exkursion in die 50er-Jahre. Der jüngst verstorbene Werner Hill bemerkte zum SRP-Verbot vom 23.10.1952 und zur Regierung Adenauer: »Ganz Unbelehrbaren wie den Mitgliedern der SRP, die ihre Ähnlichkeit mit der NSDAP in Propaganda, Wortschatz und Ritual allzu provokativ herausstellen und die Prinzipien des Grundgesetzes allzu offen missachten, wird der Mund verboten: das verschafft der eigenen Position und Politik nicht nur die Legitimation für die Öffnung nach rechts, sondern auch für das Verbot der KPD«[1] – tatsächlich ein enger Zusammenhang. Als

---

1 W. Hill, Ein Rauschen überm Haupt. Die großen Parteien und das Nationale. In: Die Restauration entlässt ihre Kinder oder der Erfolg der Rechten in der Bundesrepublik, hrsg. von Freimut Duve, Reinbek bei Hamburg 1968, S. 101. Vgl. bes. auch Helga Grebing, Nationalismus und Demokratie in Deutschland, in: Rechtsradikalismus, hrsg. von Iring Fetscher, Frankfurt a.M. 1967, S. 31–65. Zur SRP und zu verwandtem »Rechtsradikalismus« vgl. bes. die »frühen« Werke von Otto Büsch, Peter Furth, Rechtsradikalismus im Nachkriegsdeutschland. Studien über die ›Sozialistische Reichspartei‹, Berlin/Frankfurt a.M. 1957; Manfred Jenke, Verschwörung von Rechts? Ein Bericht über den Rechtsradikalismus in Deutschland nach 1945, Berlin 1961; Heinz Brüdigam, Der Schoß ist fruchtbar noch ... Neonazistische, militaristische, nationalistische Literatur und Publizistik in der Bundesrepublik Deutschland, Frankfurt a.M., 2. Aufl. 1965. Eine kurzgefasste »Chronologie des Rechtsradikalismus, Daten und Zahlen 1964–1980« erstellte Ino Arndt, in: Rechtsradikalismus. Randerscheinung oder Renaissance? Hrsg. von Wolfgang Benz, Frankfurt a.M. 1980, S. 239–261. Vgl. Thomas Assheuer, Hans

Bundesinnenminister Robert Lehr schließlich im November 1951 den Verbotsantrag vorlegte (»Im Ausland hat das Vertrauen auf eine stetige demokratische Entwicklung des deutschen Volkes einen schweren Stoß erlitten«[2]), verabschiedete das Kabinett »gleichzeitig auch einen Verbotanstrag gegen die KPD (...), obwohl zu diesem, wie Lehr erläuterte, die Beweisdokumente noch fehlten«.[3]

Ende 1952 schrieb Fritz René Allemann (»Bonn ist nicht Weimar«) im »Monat«: Seltsam, »dass außerhalb Deutschlands der bekannteste deutsche Politiker neben Adenauer ausgerechnet Remer heißt«[4] – ›shooting star‹ der SRP. Generalmajor a. D. Otto Ernst Remer, der am 20. Juli 1944 als Kommandeur des Wachbataillons »Großdeutschland« eine Schlüsselrolle gegen die »ehrlosen Verschwörer« und »Vaterlandsverräter« spielte, sagte 1951 auf einer Kundgebung in Braunschweig z. B.: »Ich verbitte es mir, mich Nazi zu nennen. Ich war, ich bin und bleibe Nationalsozialist«.[5] F. R. Allemann: Aber nicht Remer,

---

Sarkowicz, Rechtsradikale in Deutschland. Die alte und die neue Rechte (1990), 2. Aufl. München 1994; Extremismus der Mitte. Vom rechten Verständnis deutscher Nation, hrsg. von Hans-Martin Lohmann, Frankfurt a. M. 1994; Christoph Butterwege, Rechtsextremismus, Rassismus und Gewalt. Erklärungsmodelle in der Diskussion, Darmstadt 1996; bes. auch Wolfgang Kreutzberger, Rechtsradikalismus in der Bundesrepublik. Versuch einer Zwischenbilanz, Frankfurt a. M. 1983; ders., Rechtsradikalismus. Daten und Deutungen, in W. Kreutzberger u. a., Aus der Mitte der Gesellschaft – Rechtsradikalismus in der Bundesrepublik, Frankfurt a. M. 1993, S. 7–18.

2 Antrag BMI an BVerfG, 10. 11. 1951. Vgl. Norbert Frei, Vergangenheitspolitik. Die Anfänge der Bundesrepublik und die NS-Vergangenheit (1996), München 1999, S. 344, bes. auch Fn. 74.

3 N. Frei, a. a. O., S. 345. – »Geradezu zwanghaft verquickten sie auch die Erwähnung des Dritten Reiches mit der relativierenden Erwähnung der Untaten des Stalinismus«, so Helmut Dubiel, Niemand ist frei von der Geschichte. Die nationalsozialistische Herrschaft in den Debatten des Deutschen Bundestages, München/Wien 1999, S. 39. »Die Ersatzidentität der fünfziger Jahre war der ›Antitotalitarismus‹ (...). Und dabei gilt es natürlich mit zu bedenken, dass der Antikommunismus ein integraler Bestandteil der deutschen Ideologie nach und unter Hitler war« (ebd., S. 75). Zur generellen Problematik der Konfrontation von »Demokratie« und »Totalitarismus« vgl. G. Schäfer, Demokratie und Totalitarismus, in: Politikwissenschaft. Eine Einführung in ihre Probleme. Hrsg. von Gisela Kress und Dieter Senghaas (1969), 2. Aufl. Frankfurt a. M. 1972, S. 93–134.

4 F. R. Allemann, Das deutsche Parteiensystem. Eine politische Analyse, in: Der Monat 5, 1953, S. 365–388, bes. S. 382 f. Vgl. ders., Bonn ist nicht Weimar, Köln/Berlin 1956, bes. S. 289; N. Frei, Vergangenheitspolitik, a. a. O., S. 360.

5 Vgl. N. Frei, Vergangenheitspolitik, a. a. O., S. 326.

die SRP oder vergleichbare Leute stellten eine »wirkliche Gefahr« für die Bundesrepublik Deutschland dar, sondern die bürgerlichen Rechtsparteien. Denn »mindestens zur Zeit« sei die »Wiederbelebung des Nationalsozialismus in seiner alten Gestalt« nicht zu fürchten, wohl aber die »Unterwanderung der bürgerlich-parlamentarischen Rechten mit Trägern eines nationalistisch gefärbten autoritären oder totalitären Gedankenguts. Anders gesagt: nicht die Renaissance des Nationalsozialismus, sondern seine demokratische Mimikry muss als das bedenkliche Krankheitssymptom im scheinbar so lebenskräftigen und unerschütterten politischen Organismus der Bundesrepublik angesehen werden.«[6] – Wir erinnern uns an Theodor Adornos »Was bedeutet: Aufarbeitung der Vergangenheit« (1959): »Ich betrachte das Nachleben des Nationalsozialismus in der Demokratie als potenziell bedrohlicher denn das Nachleben faschistischer Tendenzen gegen die Demokratie.«[7]

F. R. Allemann dachte damals in erster Linie an die FDP, in der sich gerade eine Gruppe ranghoher Nazis um den ehemaligen Staatssekretär im Reichspropagandaministerium von Goebbels, Dr. Werner Naumann, daran machte, besonders von Nordrhein-Westfalen aus die FDP zu erobern. Unter ihnen befand sich auch SS-Brigadeführer Dr. Werner Best, ehemals »Kronjurist der SS« und »Chefideologe des Reichssicherheitshauptamtes«,[8] der schon in der Weimarer Republik »für den versuchten, in der Entdeckung der sogenannten Boxheimer Dokumente endenden Coup verantwortlich war«[9] – »alter ego«[10] und Kanzleimitarbeiter Ernst Achenbachs, des Landtagsabgeordneten und Vorsitzenden des Außenpolitischen Ausschusses der FDP, dieser

---

6 Vgl. Anm. 4.

7 T. W. Adorno, Was bedeutet: Aufarbeitung der Vergangenheit (1959), in: ders., Eingriffe, Frankfurt a. M. 1963, S. 125–146, bes. S. 126. Vgl. bes. auch Iring Fetscher, Rechtes und rechtsradikales Denken in der Bundesrepublik, in: Rechtsradikalismus, a. a. O., S. 11–29.

8 Vgl. N. Frei, Vergangenheitspolitik, a. a. O., S. 106; Ulrich Herbert, Best. Biographische Studie über Radikalismus, Weltanschauung und Vernunft, 1903–1989, Bonn 1996; Franz Neumann, Behemoth. Struktur und Praxis des Nationalsozialismus 1933–1944, hrsg. und mit einem Nachwort von G. Schäfer (1977), Frankfurt a. M. 1984, bes. S. 48, 98, 199, 588 ff.

9 Vgl. F. Neumann, a. a. O., S. 215, S. 48.

10 Vgl. N. Frei, Vergangenheitspolitik, a. a. O., S. 256.

»mit Industriegeldern im Rücken und sicher auch durch eigene Mitverantwortung für die Judendeportationen in Frankreich motiviert«.[11]

Naumann am 18.11.1952 in Hamburg: »Ob man eine liberale Partei am Ende in eine NS-Kampfgruppe umwandeln oder mit einer föderalistischen Gemeinschaft großdeutsch handeln kann, möchte ich bezweifeln, wir müssen es aber auf einen Versuch ankommen lassen (...). Gäbe es keine FDP, müsste sie noch heute gegründet werden«.[12] Der nordrhein-westfälische Landesvorsitzende der FDP, Middelhauve, in Zusammenarbeit mit den Landesverbänden Hessen und Niedersachsen im »Deutschen Programm« vom November 1952: »Pflicht nach rechts«, Bildung eines »dritten Blocks«, einer »nationalen Sammlungsbewegung aller Kräfte rechts von der CDU«[13] – mit kongenialen Grüßen von und an Franz-Joseph Strauß, 1970, auf dem Nürnberger Parteitag, in loco: Die CSU ist eine »Sammlungsbewegung zur Rettung des Vaterlandes«. »Ich bin ein Deutschnationaler und fordere bedingungslosen Gehorsam« – »liberal, flexibel, elastisch, mobil und tolerant – was Sie haben wollen«.[14] – Vor den Toren: »Willy Brandt, an die Wand. Aktion Widerstand«.

Die so genannte Naumann-Affäre wurde durch einen Eingriff der Briten beendet, die am 15. Januar 1953 außer Naumann weitere ranghohe ehemalige NSDAP-Mitglieder verhafteten, weil sie Pläne zur Wiederergreifung der Macht in Westdeutschland schmiedeten.[15] »Riesenskandal« in Deutschland. Paul Sethe in der FAZ vom 16. Januar 1953: »Was wollen sie?«, die Engländer. Hans Baumgarten im Leitartikel: »Man denkt an sehr massive Angriffe englischer frankophiler Politiker gegen eine deutsche Aufrüstung. Man hat davon gehört, dass sehr maßgebende Briten eine nähere militärische Verbindung

---

11 Vgl. ebd., S. 106 f. Zur Rolle von Best im Zusammenhang der »Durchbrechung des rechtsstaatlichen Legalitätsprinzips bei NS-Morden« vgl. Joachim Perels, Das juristische Erbe des ›Dritten Reiches‹. Beschädigungen der demokratischen Rechtsordnung, Frankfurt/New York 1999, bes. S. 22 f.

12 Vgl. ebd., S. 361.

13 Vgl. ebd., S. 106, S. 36.

14 Vgl. G. Schäfer, Die »Spiegel-Affäre«. Erinnerung an einen Wendepunkt, in: Opposition als Triebkraft der Demokratie. Bilanz und Perspektiven der 2. Republik. Jürgen Seifert zum 70. Geburtstag. Hrsg. von Michael Buckmiller und Joachim Perels, Hannover 1998, S. 53.

15 Vgl. N. Frei, Vergangenheitspolitik, a. a. O., S. 361 ff.

zwischen den Vereinigten Staaten und der Bundesrepublik höchst ungern sähen (...). Für deutsche Exporte hat sich England schon immer interessiert, weil sie ihm im Wege stehen«, usf. Sethe zwei Tage später: »Jedenfalls hat Sir Ivone Kirkpatrick (der britische Hohe Kommissar, G. S.) in acht Tagen in Westdeutschland mehr Neo-Nazis geschaffen, als es Naumann und Siepen (Teilhaber der Punktalstahlwerke in Solingen, ehemaliger NSDAP-Ortsgruppenleiter und Landrat, G. S.) im Schweiße ihres Angesichts in Jahren fertigebracht hätten«.[16] – FDP-Kundgebung im Juni 1954 am Hermanns-Denkmal im Teutoburger Wald, 20 000 Personen, »um in nächtlicher Stunde die Gefallenen der Nation zu ehren und ein Bekenntnis abzulegen zu einem unteilbaren Deutschen Reich«. Titel der Broschüre zur Kundgebung: »Das Reich wird kommen«.[17]

In seinem Werk »Vergangenheitspolitik. Die Anfänge der Bundesrepublik und die NS-Vergangenheit« schrieb Norbert Frei: Mit »dem Schlag gegen den nationalsozialistischen Kreis um Werner Naumann (...) stoppte die britische Besatzungsmacht die schon weitgediehene Unterwanderung der nordrhein-westfälischen FDP und beendete zugleich alle Spekulationen auf eine große nationale Sammlungspartei rechts von der Union«. Damit und mit dem SRP-Verbot wurde »das offene ideologisch-politische Bekenntnis zum Nationalsozialismus und Antisemitismus wurde dadurch zum Tabu. Mit Ausnahme der drakonischsten Aktion, der Aushebung der Naumann-Gruppe, geschah dies zwar alles in deutscher Regie, aber erkennbar im Bewusstsein des alliierten Interventionsvorbehaltes. Das Schielen nach ›dem Ausland‹ war ein elementares Verhaltensmuster bundesdeutscher Vergangenheitspolitik, das Argumentieren damit eine ihrer rhetorischen Grundfiguren«.[18]

---

16 Vgl. ebd., S. 363 f.

17 Vgl. Heinrich August Winkler, Der lange Weg nach Westen, Band 2. Deutsche Geschichte vom ›Dritten Reich‹ bis zur Wiedervereinigung (2000), 5. Aufl. München 2002, S. 159.

18 N. Frei, Vergangenheitspolitik, a. a. O., S. 23 f. Vgl. bes. auch das Schlusskapitel dieses Buches. In diesen Zusammenhang gehören auch die »Stilisierung der Deutschen zu Hitlers eigentlichen Opfern« und die »Reflexionsblockaden, die sich angemessen wohl nur in psychoanalytischen Begriffen erfassen ließen«, Abwehrfiguren wie »Abspaltung«, »Opferhaltung«, »Existentialisierung«, »Aufrechnung« (H. Dubiel, Niemand ist frei von der Geschichte, a. a. O., S. 69 ff.). Zur Kontinui-

Doch um mit dem großen Berliner Hofhistoriker Heinrich August Winkler (»Der lange Weg nach Westen«) zu reden: »Viel stärker war die Kontinuität, was die Westzonen betrifft, im öffentlichen Dienst. Amerikanischen und englischen Versuchen (...) war kein Erfolg beschieden«. Indes, »offene Demokratiefeindschaft war fortan diskreditiert. Das galt für das Beamtentum ebenso wie für die Justiz«.[19]

II

1963 stellte Gabriel Almond in »The Civic Culture« auf Grundlage eines »survey« von 1959 zur Bundesrepublik Deutschland fest: »Obwohl die formalen politischen Institutionen einer Demokratie in Deutschland existieren und obwohl es dort eine gut entwickelte politische Infrastruktur gibt – ein System politischer Parteien und von Interessenverbänden – fehlen jene grundlegenden Eigenschaften, die

---

tät von »Schuldabwehr« vgl. bes. Joachim Perels, Das juristische Erbe des ›Dritten Reiches‹, a. a. O.; ders., Wider die ›Normalisierung‹ des Nationalsozialismus. Interventionen gegen die Verdrängung, Hannover 1996.

19 H. A. Winkler, Der lange Weg nach Westen, a. a. O., S. 121. Vgl. zur Kritik bes. auch die Arbeiten von Joachim Perels, a. a. O. – Gerhard A. Ritter: »Die westlichen Alliierten hatten kein klares gemeinsames Reformprogramm (...). Vor allem fanden sich auf deutscher Seite keine starken Partner«. »Für die zunehmende, auch innere Anpassung der Beamten an die neue Demokratie war, neben der offensichtlichen Stabilität des politischen Systems und der Furcht vor der DDR-Alternative einer völligen Abschaffung der Beamtenschaft, außerdem die großzügige Berücksichtigung materieller Interessen der Beamten durch den neuen Staat von entscheidender Bedeutung.« (Über Deutschland: Die Bundesrepublik in der deutschen Geschichte, München 1998, S. 26 f., S. 32). Über die Vorschläge Arnold Brechts und ihr Scheitern vgl. Corinna Ruth Unger, Vom Beamtenrecht zur politischen Kultur. Die Vorschläge Arnold Brechts zur Reform des öffentlichen Dienstes der Bundesrepublik, in: Kritische Justiz 1, 2003, S. 82–94. Zur Restauration der ökonomischen Machteliten sei an die alten, materialreichen Bücher von Kurt Pritzkoleit erinnert, z. B. Wem gehört Deutschland. Eine Chronik von Besitz und Macht, Wien/München/Basel 1957. – Vgl. auch Andrew Shonfield, Modern Capitalism, Oxford UP 1965: »Not that the continuity of management has been widely interrupted« (S. 244); George W. F. Hallgarten, Joachim Radkau, Deutsche Industrie und Politik von Bismarck bis heute, Frankfurt a. M./Köln 1974: »Überhaupt erweist sich in den katastrophalen Wendungen der neueren deutschen Geschichte die Fähigkeit zur Kontinuität als eine wesentliche Eigenschaft der Großindustrie« (S. 437) – und so fort.

diese Institutionen in eine demokratische Richtung lenken würden.«[20] Rudolf Wildenmann z. B. hatte von der »fehlenden Ausstrahlung des Verfassungsgebers« gesprochen; das Grundgesetz wurde vom Parlamentarischen Rat, den Länderregierungen und Parteiführungen »sozusagen von oben gegeben«[21] – eine Folge der »befohlenen Demokratie«.[22] Fast nahtlos fügte sich das Trauma der geschlagenen Demokraten von Weimar dem überlieferten obrigkeitsstaatlichen und bürokratischen Credo ebenso wie den Interessen der restaurierten gesellschaftlichen Eliten.[23]

Carl Löwenstein in »Verfassungsrecht und Verfassungsrealität« (1952) in vergleichender Sicht: »Das Ergebnis ist, dass der parlamentarische Betrieb sich überall sozusagen in einem leeren Raum bewegt. Überall ist zu beobachten, wie wenig Respekt die Berufspolitiker beim Volk genießen, und diese Nichtachtung muss sich dann notwendigerweise auch auf die Parlamente übertragen (...). Wer sich fragt, wo der Standort der politischen Souveränität, oder, anders gesehen, das Schwergewicht der politischen Macht liegt, wird unfehlbar auf die Parteioligarchie deuten (...). Die Sachlage verschlimmert sich angesichts der offenkundigen Abneigung der neuen Verfassungen, das Volk selbst am politischen Betrieb teilnehmen zu lassen. Was ihm verfassungsmäßig geblieben ist, ist der Wahlakt (...). Die Ergebnisse der unmittelbaren Demokratie nach 1919 mögen, oberflächlich gesehen, nicht allzu ermutigend gewesen sein (...). Aber der letzte Grund ist eher die Angst der Parteioligarchien, ihr politisches Monopol könne vom Volk außerhalb der Partei-Cadres angetastet werden. Das

20 Gabriel Almond, Sidney Verba, The Civic Culture, Princeton U. P. 1963, S. 492, S. 496.

21 R. Wildenmann, Macht und Konsens als Problem der Innen und Außenpolitik, Frankfurt a. M./Bonn 1963, S. 49, S. 69 f.

22 Vgl. G. Schäfer, Die befohlene Demokratie. In: Die Restauration entlässt ihre Kinder, a. a. O., S. 123–134.

23 »Seit dem Verbot der KPD bis zum Einzug der ›Grünen‹ war es im Bundestag ein unmittelbar mit dem Kommunismusvorwurf bewehrtes Tabu, auf die Kontinuität der Eliten von der NS-Zeit bis zur Gegenwart hinzuweisen« (H. Dubiel, Niemand ist frei von der Geschichte, a. a. O, S. 172).

Endergebnis ist, dass die neuen Verfassungen weniger demokratisch sind als ihre Vorgänger.«[24]

Löwenstein charakterisierte »das Bonner Regime« in »seiner Substanz« als »demoautoritär«.[25] Einer seiner führenden jüngeren Vertreter, der langjährige Bundesminister Gerhard Schröder, beschrieb das erwünschte Verhältnis von »Elite« und »Masse« mit folgenden repräsentativen Worten: In einer »heilen Welt« würden »echte Eliten den entscheidenden Einfluss auf die politische Führung besitzen«, während »die Masse in erster Linie reibungslos und glücklich leben« wolle; denn »sie ist anspruchslos und verantwortungslos«.[26] In »Wir brauchen eine heile Welt« beschwor er in der damals landesüblichen Weise z. B. auch die unverbrüchliche Kontinuität der nationalen und militärischen Tradition; denn »wo kommen wir hin, wenn wir den Einsatz oder gar das Opfer des Lebens in seinem sittlichen Halt daran messen, ob die jeweilige Regierung vor der Geschichte gut oder böse gehandelt hat«.[27] Helmut Dubiel konstatierte »eine Kontinuität kollektiver Zugehörigkeitsgefühle, für deren Träger sich die vor 1945 geltenden symbolischen Grenzziehungen von ›wir‹ und ›die‹ noch kaum geändert hatten«, »die Beharrungskraft einer nationalen Form der Selbstidentifikation der Deutschen«.[28]

---

24 C. Löwenstein, in: ders., Beiträge zur Staatssoziologie, Tübingen 1961, S. 461 ff. Vgl. G. Schäfer, Demokratie oder Oligarchie? Zur Entwicklung der politischen Demokratie in der Bundesrepublik Deutschland, in: Offene Welt. Zeitschrift für Wirtschaft, Gesellschaft und Politik, Nr. 95/96. Eine politische Bilanz 1947–1967, Frankfurt a. M. 1967, S. 90–102.

25 C. Löwenstein, Verfassungslehre, Tübingen 1959, S. 93. »Das derzeit bestehende System ist wohl kaum geeignet, eine Schulung im Betrieb des Parlamentarismus oder der Demokratie überhaupt zu vermitteln.« (ebd., S. 94).

26 G. Schröder, Elitebildung und soziale Verpflichtung, hrsg. von der Bundeszentrale für Heimatdienst, Bonn 1955, S. 8. Vgl. Oskar Negt, Auf dem Weg zu einer autoritären Gesellschaft, in: Carl Nedelmann, G. Schäfer, Hrsg., Politik ohne Vernunft oder die Folgen sind absehbar, Reinbek bei Hamburg 1965, S. 141–157, bes. S. 145; Helga Grebing, Konservative gegen die Demokratie. Konservative Kritik an der Demokratie in der Bundesrepublik Deutschland nach 1945, Frankfurt a. M. 1971.

27 G. Schröder, Wir brauchen eine heile Welt, Düsseldorf/Wien 1963, S. 118. – Vgl. H. Dubiel, Niemand ist frei von der Geschichte, a. a. O., »Symbole der Kontinuität«, ebd. S. 55 ff.

28 H. Dubiel, ebd., S. 45, 47.

Mit den apologetischen Sätzen eines bekannten Zeithistorikers: »So blieb es alles in allem genommen bei dem Phänomen der Kontinuität des politischen Lebens. Der neue, von den westlichen Alliierten mit unterschiedlicher Intensität und Methode unterstützte Versuch mit der Demokratie setzte nicht mit dem Jahr null einer avantgardistischen Zeitrechung ein, sondern wurde zum schlichten Bestandteil deutscher Geschichte, die damit zum Erstaunen vieler ›am ausgebrannten Krater der Machtpolitik‹ (Friedrich Meinecke) vorbei und über das Katastrophenjahr 1945 hinaus nun doch weiterlief.«[29] »Technokratische Konservative« beschworen mit Helmut Schelsky »Auf der Suche nach der Wirklichkeit« freudig einen »technischen Staat«, der, »ohne antidemokratisch zu sein, der Demokratie ihre Substanz« entziehe; »gegenüber dem Staat als einem universalen Körper« werde »die klassische Auffassung der Demokratie als eines Gemeinwesens, dessen Politik vom Willen des Volkes abhängt, immer mehr zu einer Illusion«.[30] Oder mit Werner Kaltefleiter zum Fest des »Wirtschaftswunders«, kurz nach der »bisher schwersten Rezession« im Jahr 1965:[31] »Was von Kultur- und Gesellschaftskritikern heute als Wohlstandsmüdigkeit und Sattheit der Wähler gebrandmarkt wird, erweist sich bei politisch-funktionaler Betrachtungsweise als

---

29 Thilo Vogelsang, Das geteilte Deutschland, München (dtv-Weltgeschichte des 20. Jahrhunderts) 1967, S. 164.

30 H. Schelsky, Der Mensch in der wissenschaftlichen Zivilisation, Köln und Opladen 1961, S. 25, 29. Vgl. ders., Auf der Suche nach der Wirklichkeit, Düsseldorf 1965, S. 439 ff. Zur Kritik vgl. Texte zur Technokratiediskussion, hrsg. von Claus Koch und Dieter Senghaas, Frankfurt a. M. 1970; Martin Greiffenhagen, Der technokratische Konservatismus, d. i. Kap. XVII von »Das Dilemma des Konservatismus in Deutschland«, München 1977, S. 316 ff; ders., Hrsg., Der neue Konservatismus der siebziger Jahre, Reinbek bei Hamburg 1974; Richard Saage, Rückkehr zum starken Staat? Studien über Konservatismus, Faschismus und Demokratie, Frankfurt a. M. 1983, bes S. 202 ff.: »Von der ›Revolution von rechts‹ zum technokratischen Konservativismus«; Kurt Lenk, Deutscher Konservatismus, Frankfurt a. M./New York 1989, Kap. XII.

31 Vgl. Winfried Vogt, Die Wachstumszyklen der westdeutschen Wirtschaft, Tübingen 1968, S. 3. Fortsetzung folgte sogleich; »die Wirtschaftsrezession der Jahre 1966 und 1967 hat auf die Bundesrepublik wie ein Schock gewirkt« (Ernest Mandel, Die deutsche Wirtschaftskrise, Frankfurt a. M. 1969, S. 5). Zu den damit verbundenen »Leitlinien stabilitätskonformen Verhaltens« vgl. G. Schäfer (1967), in: Der CDU-Staat 2. Analysen zur Verfassungswirklichkeit der Bundesrepublik, 2. Auflage Frankfurt a. M. 1969, S. 425–460.

Voraussetzung parlamentarischer Regierungsweise.«[32] – Wilhelm Hennis: »Der Prozess der Entmachtung und Entleerung des Bundestags als des parlamentarischen Teils unseres Regierungssystems hat die tolerierbare Grenze längst überschritten«.[33] »Das Problem der Legitimität besteht weiterhin.«[34]

Um mit Max Weber einen Kern der »politisch-funktionalen Betrachtungsweise« wenigstens in der Nachkriegsgeschichte anzudeuten: »Im Ganzen neigen die Menschen hinlänglich stark dazu, sich dem Erfolg oder dem jeweilig Erfolg versprechenden innerlich anzupassen (...). In Deutschland glaubt man dies mit den Namen ›Realpolitik‹ schmücken zu dürfen«; »eine Gesinnung der Fügsamkeit und Anpassung gegenüber den gegebenen sozialen Machtverhältnissen, wie sie den matter-of-fact-men aller Epochen gleichmäßig eigentümlich war«.[35]

III

Im Januar 1967 schrieben Erwin K. Scheuch und Hans D. Klingemann, »die meisten empirischen Untersuchungen« zeigten uns, »dass die deutsche Bevölkerung den nationalsozialistischen Staat als konkrete historische Erscheinung überwiegend ablehnt; zugleich besteht gegenüber wichtigen Zielen der Nazis bestenfalls Ambivalenz, falls nicht mehrheitlich Zustimmung«[36] – das war ein Hauptresultat schon des frühen »Gruppenexperiments« im Frankfurter Institut für Sozialforschung über das Nachleben faschistischer Tendenzen, die sich lediglich »der Momente entäußert haben, die (...) als allzu anstößig

32 W. Kaltefleiter, Wirtschaft und Politik in Deutschland. Konjunktur als Bestimmungsfaktor des Parteiensystems, Köln 1966, S. 155.

33 W. Hennis, in: Die Zeit, 22.10.1965, S. 7. Vgl. bes. Walter Euchner, Zur Lage des Parlamentarismus (1967), in: Der CDU-Staat 1. Hrsg. von Carl Nedelmann und G. Schäfer, 2. Aufl. Frankfurt a. M. 1969, S. 105–132.

34 Gerhard Loewenberg, Parlamentarismus im politischen System der Bundesrepublik Deutschland (1967), Tübingen 1971, S. 512.

35 M. Weber, Gesammelte Aufsätze zur Wissenschaftslehre, 5. Aufl. Tübingen 1982, S. 513, S. 423.

36 E. K. Scheuch unter Mitarbeit von H. D. Klingemann, Theorie des Rechtsradikalismus in westlichen Industriegesellschaften. In: Hamburger Jahrbuch für Wirtschafts- und Gesellschaftspolitik, 1967, S. 26.

empfunden werden«.[37] »Entsprechend der scheinbar praktischen Orientierung einer Mehrzahl der Wähler« erfolge »der entscheidende Durchbruch rechtsextremistischer Bewegungen jeweils dann, wenn das herkömmliche politische System der Entscheidungsfindung und dessen Akteure als nicht mehr leistungsfähig erscheinen«.[38] Im selben Jahr – die Ära der »Großen Koalition«, die NPD in den Landtagen[39], das Aufkommen der »außerparlamentarischen Opposition« – konstatierte Erwin K. Scheuch u. a. »ein zunehmendes Maß an Verdrossenheit gegenüber den Parteien«, eine »Konzentration politischer Entscheidungen in Oligarchien«, einen »neuen Obrigkeitsstaat«, »die Entleerung der öffentlichen Diskussion von wirklichen Problemen« (»der Bürger sei zu unmündig, um anders reagieren zu können als ein Konsument«) – »Demokratie als geschlossene Gesellschaft?«[40]

---

37 Gruppenexperiment. Ein Studienbericht. Bearbeitet von Friedrich Pollock. Mit einem Geleitwort von Franz Böhm, Frankfurter Beiträge zur Soziologie, Band 2, 1955, 2. Aufl. 1963, S. 377.

38 E. K. Scheuch, H. D. Klingemann, a. a. O., S. 28.

39 Vgl. Lutz Niethammer, Angepasster Faschismus. Politische Praxis der NPD, Frankfurt a. M. 1969, bes. Kap. 3: »Parlamentarischer Faschismus«; R. Kühnl, R. Rilling, C. Sager, Die NPD. Struktur, Ideologie und Funktion einer neofaschistischen Partei, Frankfurt a. M. 1969; Assheuer, Sarkowicz, Rechtsradikale in Deutschland, a. a. O. Kap. 2. Vgl. auch meine Arbeiten: Die Chancen der Nationaldemokraten. Über das Verhältnis der rechtsextremen Randgruppen zur allgemeinen politischen Entwicklung in der Bundesrepublik Deutschland, in: Rechtsradikalismus, a. a. O., S. 67–94; Renaissance du nazisme en Allemagne de l'Ouest? – Le Parti National-Démocrate. In: ETUDES, Paris, Mai 1968, S. 650–665.

40 E. K. Scheuch, Demokratie als geschlossene Gesellschaft? In: Offene Welt. Eine politische Bilanz 1947–1967, a. a. O., S. 68–79. – Ein paar Jahre später, inzwischen Kämpfer des Bundes Freiheit der Wissenschaft, soll E. K. Scheuch einen »totalen studentischen Sozialstaat« erblickt haben: »Prof. Scheuch bewies mit konkreten Zahlen, dass wir auf dem Weg zum totalen studentischen Sozialstaat seien. Radikale Strömungen befänden sich in allen Disziplinen. Dabei sei interessant, dass je theoretischer das Fach, desto extremer die Studenten.« – »Herr von Lepel (Dr. Günther, BASF) interessierte sich für die materielle Grundlage der Studenten und fragte nach der Fakultätszugehörigkeit der Radikalen. In diesem Zusammenhang schlug er einen, wie er sagte, Hochschulschrumpfungsplan vor, der Fächer wie Politologie und Soziologie verkümmern lassen und sich auf die klassischen Disziplinen konzentrieren soll«, etc. pp. (Protokoll der Sitzung des »Hessischen Kreises« vom 15. Februar 1971, vgl. »links«, Nr. 21, April 1971, S. 21 f.: »Aus der Garküche der Konservation«).

Sidney Verba hatte 1965 hingegen festgestellt: »Die Berliner Mauer, der Eichmann-Prozess und vor allem anderen die ›Spiegel-Affäre‹ führten zu einem wachsenden politischen Interesse und Bewusstsein« – »Streitfragen, bei denen es um die Geschichte Deutschlands, die gegenwärtige innere Entwicklung und um die Zukunft als Nation ging. Und in der Antwort auf diese Ereignisse war die Jugend besonders involviert. Die weitere Entwicklung in irgend einem dieser Bereiche könnte zu einer radikalen Veränderung der politischen Kultur führen.«[41] Seit 1960 begann sich der Anteil jener, die erklärten, sich für Politik zu interessieren, allmählich – langsam wich die Erstarrung – zu erhöhen, von unter 30 Prozent der erwachsenen Bevölkerung noch im Februar 1960 auf 37 Prozent im Dezember 1962, 39 Prozent im September 1965, 45 Prozent im August 1969 und – ein Gipfelpunkt – 49 Prozent im Juni 1973.[42] David Conradt in »The Civic Culture Revisited«: »Daraus, wie aus anderen Befunden, scheint hervorzugehen, dass die deutsche Demokratie zu diesem Zeitpunkt das ›take-off-Stadium‹ erreichte.«[43]

Was die 50er-Jahre angeht, so wurden sie, außer vom »Kalten Krieg« und vom »Wirtschaftswunder«, durch einen »proeuropäischen Konservativismus« bestimmt – eine Formulierung von Heinrich August Winkler. Er war »deshalb so erfolgreich, weil er, anders als der deutsche Nationalismus, historisch nicht diskreditiert, sondern durch den Ost-West-Konflikt zusätzlich legitimiert erschien. Vielen früheren Parteigängern des Nationalsozialismus bot dieser Konservativismus eine Art neuer weltanschaulicher Identität. Sie konnten, wenn sie sich auf dieses Podest stellten, an die eigene Gegnerschaft zum Kommunismus anknüpfen. Das Engagement für den Nationalsozialismus war demnach aus der Sicht der meisten Ehemaligen nicht rundum, sondern nur teilweise irrig gewesen. Als verfehlt waren in jedem Fall Judenfeindschaft und Judenvernichtung

41 S. Verba, Germany: The Remaking of Political Culture. In: Political Culture and Political Development, ed by Lucian W. Pye and S. Verba, Princeton 1965, S. 153 f., S. 170.

42 Vgl. Dietrich Thränhardt, Geschichte der Bundesrepublik Deutschland, Frankfurt a. M. 1986, S. 242.

43 D. P. Conradt, Changing German Political Culture, in: The Civic Culture Revisited, ed. by Gabriel A. Almond, Sidney Verba (1980), Sage Publications 1989, S. 247.

(...) zu betrachten. Der Kampf gegen den Bolschewismus hingegen war nichts, dessen sich ein zum Konservativismus konvertierter oder zurückgekehrter ehemaliger Anhänger Hitlers schämen zu müssen meinte.«[44]

Selbstverständlich schien es in diesem Zusammenhang auch, dass für sämtliche politischen Parteien, einschließlich der KPD, die »Ehre des deutschen Soldaten«, der Wehrmacht, nicht »beschmutzt« werden durfte. Staatssekretär Ritter von Lex für die Bundesregierung im Juli 1952: »Keine der Regierungen im ganzen Bundesgebiet und keine der hinter diesen Regierungen stehenden Parteien hat die Ehre des deutschen Soldaten herabgesetzt. Der Herr Bundeskanzler hat wiederholt (...) unter allseitiger Zustimmung sich nachdrücklichst für die Ehre des deutschen Soldaten eingesetzt.« Er müsse sich deshalb »schärfstens dagegen wenden, dass die SRP für sich allein (!) in Anspruch nimmt, die Ehre des deutschen Soldaten zu wahren«[45] – ein langer Weg bis zur Wehrmachtsausstellung.

Was Konrad Adenauer angeht: »Für sein vorrangiges Ziel der Westintegration der Bundesrepublik, das die Wiederbewaffnung einschloss, war ihm kein vergangenheitspolitischer Preis, den seine rechtsnationalen Koalitionspartner und die Wehrmachtsoffiziere forderten, zu hoch.«[46] Adenauer 1954 im Vorstand der CDU: »Wir

---

44 H. A. Winkler, Der lange Weg nach Westen, a. a. O., S. 175. Er fährt fort: »Die Bundesrepublik der fünfziger Jahre war, aus diesem Blickwinkel betrachtet, der Thermidor einer Revolution, die ihre jakobinische Phase hinter sich gelassen hatte, also konservativ geworden war.« »Die These von der Nachkriegszeit als ›Thermidor‹ des ›Dritten Reiches‹ bei David Schoenbaum, Die braune Revolution (1966), 2. Aufl. München 1980 , S. 25 (ebd., S. 686). – Was die tatsächliche Haltung zu »Judenfeindschaft« und »Judenvernichtung« angeht – von anderen Massenvernichtungen nicht zu reden – vgl. jedoch H. Dubiel, Niemand ist frei von der Geschichte, a. a. O., bes. Kap. 1 und 2. »Zu dieser Diskretion gehörte natürlich auch der weitgehende Verzicht auf öffentliche Solidarisierung mit den Gegnern und Opfern des Nationalsozialismus« (ebd., S. 64 f.). Vgl. wiederum die Arbeiten von J. Perels, a. a. O., bes. Kap. 1 und 2 in: Wider die ›Normalisierung‹ des Nationalsozialismus.

45 vgl. N. Frei, Vergangenheitspolitik, a. a. O., S. 353. Vgl. H. Dubiel, Niemand ist frei von der Geschichte, a. a. O., bes. S. 68 ff.

46 Ebd., S. 402; »Bände spricht hier der Zynismus, mit dem er im Wahlkampf 1953 einen Auftritt vor der Werler Wallfahrtskirche mit einem Abstecher zum Kriegsverbrechergefängnis verband und sich dort der Presse stellte.«

können dann, nach Abschluss der Pariser Verträge, mit Fug und Recht sagen, dass wir wieder eine Großmacht geworden sind«.[47]

Norbert Frei zusammenfassend: »Mitte der 50er-Jahre, so wird man resümieren müssen, hatte sich ein öffentliches Bewusstsein durchgesetzt, das die Verantwortung (für das ›Dritte Reich‹) allein Hitler und einer kleinen Clique von ›Hauptkriegsverbrechern‹ zuschrieb.«[48]

Hinzu kam, noch einmal mit Norbert Frei, »die Selbstverständlichkeit und Pauschalität, mit der sich Politik und Öffentlichkeit zu Anfang der 50er-Jahre für die von den Alliierten verurteilten Kriegsverbrecher und NS-Täter einsetzten, deren Freilassung forderten und deren soziale Reintegration betrieben« – »das vielleicht überraschendste, in jedem Fall bestürzendste Ergebnis dieser Arbeit« zur Vergangenheitspolitik.[49]

IV

Im übrigen ist der »Geist dieser Zeit« in Christian Schützes »Gestanzter Festansprache« unnachahmlich eingefangen – T. W. Adorno hat sie im »Jargon der Eigentlichkeit« noch einmal veröffentlicht[50]. So möchte ich zum Ende aus einem alten Aufsatz[51] zitieren, in dem ich einige Sprachhülsen, teils der sonntäglichen, teils der alltäglichen Sorte – etwas bitter – nachahmend schilderte:

> »Da ist die Rede von echten menschlichen Werten und von der Ausrichtung nach den naturgegebenen Notwendigkeiten des irdischen Lebens, vom Wissen um die Macht des Geistes und der Kraft des reinen Gefühls, dem tiefen Anliegen und

---

47 Vgl. H. A. Winkler, Der lange Weg nach Westen, a. a. O., S. 166.

48 N. Frei, Vergangenheitspolitik, a. a. O., S. 405. Vgl. H. A. Winkler, a. a. O., S. 167. Was die Haltung zu Hitler angeht – »Würden Sie sagen, dass Hitler ohne den Krieg einer der größten Staatsmänner gewesen wäre?« – vgl. die Daten und Überlegungen bei Wolfgang Benz, Die Opfer und die Täter, in: ders, Hrsg., Rechtsradikalismus, a. a. O., S. 18: 1975 bejahten diese Frage 38 Prozent, während 44 Prozent sie verneinten.

49 Ebd., S. 16. Vgl. H. Dubiel, a. a. O., bes. S. 46 ff.

50 Vgl. T. W. Adorno, Jargon der Eigentlichkeit. Zur deutschen Ideologie, Frankfurt a. M. 1964, S. 77 (die »Gestanzte Festansprache« erschien zuerst in der Stuttgarter Zeitung).

51 G. Schäfer, Die Chancen der Nationaldemokraten, a. a. O., S. 87 f.

der treu zu erfüllenden Pflicht; da verlangt die Vermassung eine echte Elite des europäischen (abendländischen, deutschen, christlichen, sittlichen) Menschen in einer gefährdeten Zeit wie der unseren; wo der Nihilismus alles Eigentum bedroht, das man besitzt, muss man geloben, Gefahren für die Allgemeinheit unter Einsatz aller Kräfte zu bekämpfen.
Letzteres schlägt die Brücke zu den Realitäten des Lebens. Dort herrschen die ›LTI‹, die Sprache des ›Dritten Reiches‹, das Gesetz des Handelns, die Menschenführung, die Öffentlichkeitsarbeit. Hier wird ausgerichtet, planmäßig, eignungsmäßig. Fein säuberlich schreitet man zur Menschenbehandlung. Der Gleichmacherei wird mit einem Fronteinsatz zu Leibe gerückt, und der Vortrupp des Artmäßigen kämpft unerbittlich gegen den inneren Schweinehund an. Innerlich sauber und persönlich anständig lässt's sich durchführen, heranziehen, pflichtgemäß die letzte Konzentration aller Kräfte in der Wirtschaftsführung durchdrücken; planmäßig rückt man gegen den Ungeist, die feindlichen Mächte vor. Werte und Hartsein werden beschworen, und das Unproduktive merzt man aus (...). – Das echte Anliegen drapiert nur schlecht, worauf es gründet. Das Aufgeblasene ist handfest, die Durchführung konzentriert: ›Sprache des Sieges (...), man spricht sie nicht ungestraft, man atmet sie ein und lebt ihr nach‹[52].«

Was die Sprache angeht, so habe der Faschismus gesiegt... Das gehört zu meiner Antwort auf die von Joachim Perels gestellte Frage nach der Verankerung faschistischer Ideologie in der Gesellschaft.

52 Victor Klemperer, Die unbewältigte Sprache. Aus dem Notizbuch eines Philologen ›LTI‹ (Lingua Tertii Imperii), 1946, Darmstadt o. J., S. 219.

Ernst Noltes »kausaler Nexus« als Zauberformel zur Entsorgung der Schuldfrage

von Michael Buckmiller

Was noch vernebelt beginnt, kann oft am Abend geständig sich aufklären. Als Ernst Nolte zu Beginn der 60er-Jahre seine neuartige Studie »Der Faschismus in seiner Epoche« vorlegte, fand sie überwiegend wohlwollende Aufnahme. Die hohen Auflagezzahlen regten zu Folgebüchern an. Auch linke Historiker und Politikwissenschaftler begrüßten den Ansatz der Historisierung des Faschismus, da er zum einen die Überwindung der seinerzeit verfestigten Totalitarismus-Theorie versprach und zum anderen den Faschismus aus den Schwächen des Liberalismus und industriellen Systems aufsteigen ließ, also mit der bürgerlichen Gesellschaft kausal in Verbindung brachte.[1] Nolte hatte schon alle späteren Begriffe, Relationen und Deutungshinweise genannt, sie aber noch zeitkompatibel bewertet und präsentiert.[2] Als besonders herausragendes Beispiel sei hier die geschichtliche Bewertung der Sowjetunion als totalitäres System genannt, das später eine ganz andere Deutung

1 Vgl. Urs Müller-Plantenberg, Neuere Literatur über den Faschismus. In: Das Argument. Berliner Hefte für Probleme der Gesellschaft, 6. Jg. H. 3. 1964. S. 144 ff.

2 Noltes philosophische Geschichtsschreibung greift heute auch auf sein eigenes Werk über. In einem Interview mit der neu-rechten Zeitung »Junge Freiheit« vom 3. Juli 1998 kommentiert er sein Frühwerk so: »Man hatte in den siebziger und achtziger Jahren geglaubt, einen großen Schritt getan zu haben, indem man die populäre Formel ›Rot gleich Braun‹ gleichsam zu einem schmutzigen Wort gemacht hatte, so dass die Totalitarismustheorie überwunden zu sein schien. Was ich 1986 gesagt habe und dann im ›Europäischen Bürgerkrieg‹ dargelegt habe, was aber eigentlich schon 1963 in ›Der Faschismus in seiner Epoche‹ zu lesen war, ist nicht eine Gleichsetzung von Rot und Braun, sondern die These, dass Rot eine größere Ursprünglichkeit hat. Wenn man das Braun als eine militante Re-Aktion begreift, ist überhaupt nicht ausgeschlossen, dass es sich dabei um etwas Verbrecherisches, Grausames, Böses handelt.«

erfährt: Wenn das industrielle System universell und damit politisch werden musste, d.h. sich alles totalitär unterwerfen musste, dann hatte im Gegensatz zum hochindustrialisierten Deutschland die nachholende Industrialisierung für das rückständige Russland einen ganz anderen Fahrplan: »Die Sowjetunion musste totalitär sein, und daher brauchte ihr Telos nicht der Krieg zu sein. Eine Industriemacht (wie Deutschland), die in der ersten Reihe der Entwicklung stand, konnte in Hitlers Epoche nichts anderes wollen als den Krieg, wenn sie sich einer totalitären Anstrengung unterzog.«[3]

Wie sollten solche Bewertungen Anstoß oder Verdacht erregen?! Allein die »phänomenologische« Methode ließ einige aufhorchen: Nolte schlägt ein Verfahren vor, die Wirklichkeit des Faschismus als »Phänomene« zu begreifen, »wie sie sich von sich aus darstellen«. So können nur diejenigen sozialen Gebilde Phänomen genannt werden, die eine Ideologie haben, die für ihr Selbstverständnis konstitutiv ist. Ein Stahlwerk, sagt er, ist in diesem Sinne kein Phänomen. Und deshalb sieht Nolte es unter dieser Methode als seine Aufgabe an, »den Faschismus und Nationalsozialismus zu Wort kommen zu lassen ohne voreilige Kritik«. Denn in einer Führerbewegung kann nur der Führer verbindliche Aussagen machen. Deshalb muss Nolte die Darstellung der Gedanken Mussolinis und Hitlers ins Zentrum rücken und sie so reichlich »selbst zu Wort kommen lassen, dass jeder Verdacht ausgeschaltet wird, ein vorgefasstes Schema solle durch herausgegriffene einzelne Zitate bloß bekräftigt werden«. Diese Methode, so urteilte damals der jüngst verstorbene Johannes Agnoli, reproduziere zur Analyse des Faschismus in allem Ernst die faschistische Doktrin und verleihe damit dem historischen Prozess die Würde einer existitenzialontologischen Situation. »Bei näherem Zusehen wird die Wirklichkeit zum Philosophem verflüchtigt: wie aus der Politik die bloße ›Führerrede‹ wird, wird auch dem Prozess die bloße Vorstellung. Bekanntlich braucht man in der Welt der philosophischen Vorstellungen zur Überwindung widriger Zustände

---

3 Ernst Nolte, Der Faschismus in seiner Epoche. Die Action francaise, der italienische Faschismus, der Nationalsozialismus. München 1963, S. 471.

deren Veränderung nicht. Man braucht sie bloß freundlicher zu interpretieren.«[4]

Damit hatte Agnoli den Weg Noltes prognostiziert: Es ging in der Folge in der Tat um freundlichere und exkulpierende Interpretationen des Nationalsozialismus.[5]

Immerhin war schon jetzt durch Noltes neue Sicht nebenbei ein Wurf gelungen: der Blick richtete sich auf die Typen des Faschismus. Deutschland war als »Radikalfaschismus« eben nur *ein* Faschismus unter anderen und hatte anderswo nicht nur zeitlich Vorläufer. Damit war schon in der Frage der Schuld eine gewisse Verteilung erreicht. Dass in der Wissenschaft vergleichende Verfahren für den Erkenntnisgewinn grundlegend sind, wird auch hier nicht bestritten; aber zu einer vertiefenden vergleichenden Faschismusforschung kam es weder bei Nolte selbst, noch regte er sie unmittelbar an.

---

4 Johannes Agnoli, Zur Faschismusdiskussion. In: Berliner Zeitschrift für Politologie (1968). Wieder in: Reinhard Kühnl (Hrsg.), Texte zur Faschismusdiskussion. I. Positionen und Kontroversen. Reinbek bei Hamburg 1983, S. 103.

5 Auch Nolte sieht, freilich in verdrehter Weise, den inneren Zusammenhang seiner These von 1963 und den späteren Bewertungen vorbereitet: »Einerseits war dieses Buch [Der Faschismus in seiner Epoche, 1963] unverkennbar von einer ›antifaschistischen‹ Grundstimmung durchdrungen, und es wich weit von der damals vorherrschenden Auffassung ab, als sie den vielfach so genannten ›Ostfeldzug‹ mit den Worten charakterisierte, es habe sich dabei um ›den ungeheuerlichsten Eroberungs-, Versklavungs- und Vernichtungskrieg‹ gehandelt, den die moderne Geschichte kenne.« Das Buch ließ damals schon erkennen, bei Hitlers Ideologie handle es sich um ein Gedankengebäude, dessen »Folgerichtigkeit und Konsistenz einem den Atem verschlage«. Faschismus als Antimarxismus besonderer Art ist die Konzeption impliziert, dass in der so genannten Weltkriegsepoche auf verschiedenen Ebenen ein ideologischer und übernationaler »Krieg« zwischen dem Bolschewismus als dem militanten Marxismus und dem Radikalfaschismus des Nationalsozialismus geführt worden sei. – Ernst Nolte, Dankrede zur Verleihung des Konrad-Adenauer-Preises für Wissenschaft der Deutschland-Stiftung am 4. 6. 2000 in München, publiziert in »Deutschland-Magazin« 32, Nr. 7/8, S. 9–11. Wieder in: Ernst Nolte, Der kausale Nexus. Über Revisionen und Revisionismen in der Geschichtswissenschaft. Studien, Artikel und Vorträge 1990–2000. München 2002, S. 351.

Michael Buckmiller

Die Historikerdebatte und der »kausale Nexus«

Fast unbemerkt von der kritischen Öffentlichkeit ließ Nolte 1979 in einem Aufsatz über Antikommunismus in seinem inzwischen gewohntem apodiktischen Sprachgestus den Satz fallen, es unterliege »keinem Zweifel, dass Auschwitz nicht das Resultat von ›Rassenhass‹, sondern die extreme Gestalt des Antikommunismus war«.[6] Wie sollte man das verstehen? Im Sinne einer Kritik des agressiven Antikommunismus, der, als Massenstimmung bis ins Extrem gesteigert sogar zu Auschwitz führen könne? Mitnichten. Knapp vier Jahre später werden wir durch die Studie über den Zusammenhang von Marxismus und industrielle Revolution darüber aufgeklärt, dass es überhaupt keinen Sieg des Faschismus oder Nationalsozialismus gegeben hätte, wenn in Russland nicht der Marxismus, sondern das liberale System gesiegt hätte, also just jenes System, in dem er 1963 noch die Wurzel des Faschismus erkannt hatte.[7] Wiederum drei Jahre später vertiefte er diese These in einem Aufsatz zur »philosophischen Geschichtsschreibung« mit dem Hinweis, Marx und Engels hätten in naher Zukunft den Umschlag zur »praktischen Transzendenz« als Ende der Geschichte erwartet und machten dadurch »unvermeidbar«, »dass in der neuartigen und nur allzu politischen Situation, die durch den ersten Weltkrieg geschaffen wurde, die westlichen Marxisten gleichsam einer Lähmung unterlagen und dass die nächste weltgeschichtliche Epoche nicht zur ›Epoche der proletarischen Revolution‹, sondern zur ›Epoche des Faschismus‹ wurde.«[8]

War 1963 noch ein Merkmal des Faschismus »der Widerstand gegen Transzendenz« und Marx der Entdecker einer Chance der praktischen Transzendenz, so ist jetzt eine Spur von Marx her gelegt zum faktischen Umschlag zur praktischen Tendenz, und damit die ursächliche Verknüpfung zwischen dem unvermeidlichen Aufkommen des Faschismus und dem Sieg des Marxismus, sprich

---

6 Ernst Nolte, Antikommunismus. Gestern – heute – morgen?. In: ders., Was ist bürgerlich? und andere Artikel, Abhandlungen, Auseinandersetzungen. Stuttgart 1979, S. 80.

7 Vgl. Ernst Nolte, Marxismus und industrielle Revolution. Stuttgart 1983, S. 39.

8 Historische Zeitschrift, Bd. 242, (1986), S. 286.

Bolschewismus gegeben. Der »kausale Nexus« war geboren – eine Formulierung, die in der nichtgehaltenenen Römerberg-Rede zum ersten Mal erschien und durch ihre nachträgliche Veröffentlichung in der Frankfurter Allgemeinen Zeitung den Historikerstreit auslöste.[9] Nun sprach Nolte mehr oder weniger offen aus, worum es ihm in der Interpretationsverschiebung ging: um eine Entlastung der Schuld an den NS-Verbrechen durch Verschiebung der Kausalverhältnisse. Nolte kehrte nun die Relation Bolschewismus–Nationalsozialismus als »kausalen Nexus« nicht nur allgemein auf das Entstehen des Nationalsozialismus um, sondern spitzte sie konkret zu auch auf einen »rationalen Gehalt« der Vernichtung der europäischen Juden: Der Rassenmord sei primär als Antwort auf den bolschewistischen Klassenmord zu verstehen. Diese Relativierung der nationalsozialistischen Verbrechen sollte den Deutschen ein unbelastetes neues Verhältnis zu ihrer Vergangenheit eröffnen, quasi als Voraussetzung für eine – wie es der jungrechte Historiker Weißmann formulierte – »Rückkehr Deutschlands in die Geschichte«.[10]

Es ging also – ganz im Sinne des damaligen Kanzler-Beraters Michael Stürmer – um Geschichtspolitik. Für Stürmer war klar, dass in einem Land, in dem jahrzehntelang historische Verdrängung praktiziert worden sei, in einem – seiner Meinung nach – »geschichtslosen Land« derjenige »die Zukunft gewinnt, wer die Erinnerung füllt, die Begriffe prägt und die Vergangenheit deutet«.[11]

So heftig die Historikerdebatte in der Öffentlichkeit auch ausgefochten wurde und, wenn man so sagen darf, die Kritiker Noltes gemessen an der veröffentlichten Meinung eindeutig einen politischen Sieg erreichten[12], war der wissenschaftliche Ertrag des Historikerstreits eher dürftig. Umso stärker formierte sich nun jene Gruppe v. a. jüngerer Historiker, die durch ein pseudowissenschaftliches

9 Frankfurter Allgemeine Zeitung vom 6. Juni 1986.

10 Karlheinz Weißmann, Rückruf in die Geschichte. Die deutsche Herausforderung: Alte Gefahren – neue Chancen. Berlin/Frankfurt 1992.

11 Frankfurter Allgemeine Zeitung vom 25. April 1986.

12 »Historikerstreit«. Die Dokumentation der Kontroverse um die Einzigartigkeit der nationalsozialistischen Judenvernichtung. München/Zürich 1987; Hans-Ulrich Wehler, Entsorgung der deutschen Vergangenheit? Ein polemischer Essay zum »Historikerstreit«. München 1988.

Programm der Historisierung des Nationalsozialismus faktisch eine Entsorgung der Schuldfrage im Visier hatte wie z. B. Rainer Zitelmann.[13]

Ein Mann gibt sich zu erkennen

Was wir seither erleben, ist ein Aufschwung historischer Debatten um die Deutung der Vergangenheit, die sich nach dem Zusammenbruch des Ostblocks verstärkt auf die Geschichte des Kommunismus ausdehnt.

Unbeeindruckt von der Kritik an seinen abstrusen Thesen legte Nolte schon ein Jahr nach dem Historikerstreit in seinem Buch »Der europäische Bürgerkrieg« noch einmal nach. Er konstatierte erneut, »dass die von Furcht und Hass erfüllte Beziehung zum Kommunismus tatsächlich die bewegende Mitte von Hitlers Empfindungen und von Hitlers Ideologie war«, die zahlreiche deutsche und nichtdeutsche Zeitgenossen im übrigen geteilt hätten; es ging ihm zudem darum, die These zu belegen, »dass all diese Empfindungen und Befürchtungen nicht nur verstehbar, sondern auch großenteils verständlich und bis zu einem bestimmten Punkt sogar gerechtfertigt waren«.[14] Das Verhältnis von Bolschewismus und Nationalsozialismus charakterisierte Nolte also als ein Verhältnis von Herausforderung und Antwort, von Ursprung und Kopie, von Entsprechung und Über-Entsprechung. Das heisst, der Nationalsozialismus habe im Bolschewismus »Schreckbild und Vorbild« zugleich gesehen, wobei »Schreckbild« – im Gegensatz zum »Schreckgespenst« – einen realen Kern habe. (ebd., S. 21 f.)

Eine Revision des Geschichtsbildes sei nun überfällig, weil eine Wiederholungsgefahr des Nationalsozialismus abwegig sei und deshalb auch volkspädagogische Besorgnisse überflüssig seien. Die zentralen Punkte des Nationalsozialismus seien weder in »verbrecherischen Neigungen noch in antisemitischen Obsessionen zu suchen. Das Wesentlichste am Nationalsozialismus ist sein Verhältnis zum

13 Vgl. die Kritik von Joachim Perels, Wider die »Normalisierung« des Nationalsozialismus. Interventionen gegen die Verdrängung. Hannover 1996.

14 Ernst Nolte, Der europäische Bürgerkrieg 1917–1945. Nationalsozialismus und Bolschewismus. Frankfurt a. M. u. ö. 1987, S. 16.

Marxismus und insbesondere zum Kommunismus in der Gestalt, die dieser durch den Sieg der Bolschewiki in der russischen Revolution gewonnen hatte.« (ebd., S. 15)

Ausgehend von der Annahme, der Nationalsozialismus sei im Grunde nur als »überschießende Antwort« auf den Bolschewismus zu erklären, wird von Nolte in seiner großangelegten historischen Darstellung die These zu belegen versucht, der bolschewistische Terror sei »ursprünglicher« als der nationalsozialistische gewesen: Der Nationalsozialismus begriff sich zwar – laut Nolte – als die »Partei der Gegendiktatur, des Gegen-Bürgerkriegs«, doch diese konnte »allein aus der deutschen Bedrohung und sogar aus der Gegenwart des russischen Beispiels keinen wirklichen Gegen-Glauben, keine überschießende Gegen-Leidenschaft gewinnen, die sich mit dem Glauben und der Leidenschaft der Feinde auf eine Ebene gestellt hätte.« Das gelte »ganz besonders« für Adolf Hitler, den »in außerordentlichem Maße das Bedürfnis (trieb), eine grundlegende Ursache, einen Erreger, einen Schuldigen zu finden, und diesen Schuldigen entdeckte er in dem Juden. Damit vollzog er einen weiteren Schritt auf dem Wege jener Konkretisierung, auf welchem die Kommunisten vorangegangen waren, als sie an die Stelle des historisch überlebten Systems der voll souveränen Staaten die auch moralisch schuldigen Bourgeois setzten.« Im Grunde mitverantwortlich dafür sei – so Nolte – Karl Marx: Denn »dieser Schritt Hitlers war kein willkürlicher und bloß zufälliger. Auf ähnliche Weise, nur in umgekehrter Richtung, hatte Karl Marx den Übergang von den Juden, die vielen Frühsozialisten noch als Ursache des Mammonismus galten, zu den Kapitalisten und letzten Endes zu dem kapitalistischen System vollzogen, und in Verbindung damit hatte er ein altes Vernichtungskonzept in die Vorstellung vom bloßen Wegschieben einer zum Hindernis gewordenen kleinen Gruppe von Kapitalmagnaten verwandelt. Hitler ging also in gewisser Weise zu den Frühsozialisten zurück.« (ebd., S. 119 f.)

Ausgehend davon, dass »auffallend viele Juden, die sich indessen meist nicht mehr als Juden betrachteten, an der russischen Revolution beteiligt waren«, machten »Hitler und Himmler die Juden für einen Prozess verantwortlich (. . .), der sie in Panik versetzt hatte, führten sie das ursprüngliche Vernichtungskonzept der Bolschewiki in eine neue Dimension und übertrafen durch die Schrecklichkeit ihrer Tat jene genuinen Ideologen, indem sie den sozialen Ausgangspunkt durch einen biologischen ersetzten«. (ebd., S. 545)

Nolte betrieb seine Entsorgung der Schuldfrage unter dem Signum der Aufforderung an die Fachdisziplin, doch »das historische Prinzip des Verstehens auch auf Adolf Hitler selbst anzuwenden« (ebd., S. 18) und damit für die Wissenschaft den überfälligen Perspektivwechsel zu vollziehen, der »›kollektivistische Schuldzuschreibung‹ verwirft und eine immer größere Abstandnahme von dieser Wurzel aller ›Feindbilder‹ verlangt«. (ebd., S. 19)

Nicht Noltes für jeden Wissenschaftler eingängige Forderung des »Verstehens« der Epoche bilden den Ansatzpunkt der Kritik, oder gar der Systemvergleich zwischen Kommunismus und Nationalsozialismus, sondern seine darin erkennbare Intention der Entsorgung der Schuldfrage. Seine Behauptung eines »kausalen Nexus« von Archipel Gulag und Auschwitz verfolgt eindeutig die Absicht, die überdies als »asiatische Tat« apostrophierte Vernichtung der Juden aus den Kontinuitätslinien der deutschen Nationalgeschichte zu eskamotieren.[15] Noltes Postulat des Verstehens ist gekoppelt an den Verzicht auf prinzipielle Kritik am Nationalsozialismus, ja stuft jede grundsätzliche Ablehnung und Verurteilung des Nationalsozialismus als »kollektivistische Schuldzuweisung« ein, die »Feindbilder« erzeuge. Nolte vollzieht einen gleitenden Übergang von »verstehbar« und verständlich machen, wenn er im Hinblick auf Hitlers »Empfindungen und Befürchtungen« so weit geht, sie als »bis zu einem bestimmten Punkte sogar gerechtfertigt« zu identifizieren. (ebd., S. 16)

---

15 Zwar leugne seine Position die Kontinuitäten der deutschen Geschichte nicht, aber die Diskontinuität zwischen vor 1933 und Drittem Reich sei viel gravierender, als die kritische Gesellschaftsgeschichte es annehme. Als höchsten Gipfel dieser Diskontinuität betrachte sie die Endlösung, ohne darüber die reale oder geplante Massenvernichtung von Slawen und Zigeunern zu übersehen, »aber sie schreibt ihr keine absolute Singularität zu, da sie es als eine Grundtatsache betrachtet, dass die soziale Vernichtung in der Sowjetunion der biologischen Vernichtung im Dritten Reich nicht bloß zeitlich voranging«. Ernst Nolte, Der kausale Nexus. Über Revisionen und Revisionismen in der Geschichtswissenschaft. Studien, Artikel und Vorträge 1990–2000. München 2002, S. 99.

Noltes methodische Forderung des Prinzips des Verstehens geriert sich zum nachholenden historischen Strafprozess, in dem er als Zeugen nicht nur alle »Mithandelnden«, also die eigentlichen historischen Quellen, sondern auch alle Nachfahren dieser Mithandelnden, d. h. in toto die Sekundärliteratur in das Urteil einbezieht, also z. B. die Positionen des radikalen Revisionismus in Bezug auf die Frage der »Endlösung der Judenfrage«.[16]

»Kausaler Nexus« und Präzendenzlosigkeit

In der Republikation einiger seiner revisionistischen Aufsätze und Einlassungen bemüht sich Nolte, die Plausibilität seiner These des »kausalen Nexus« zu aktualisieren – nämlich durch die Ereignisse des 11. September 2001, die terroristischen Angriffe auf das World Trade Center in New York und auf das US-Verteidigungsministerium. Diese Attentate hätten in der ganzen Welt Entsetzen ohnegleichen hervorgerufen, nicht zuletzt deshalb, »weil die Vorgänge präzedenzlos und insofern singulär waren«.[17] Die unmittelbare und »nur allzu natürliche Reaktion« der USA gegen Afghanistan, obgleich kein Staat als Urheber nachgewiesen werden konnte, basiere auf einer »kollektivistischen Schuldzuschreibung«, die in den Arabern, ja in den Muslimen die Schuldigen sah und sie nicht selten als »das Böse« ansah.

»Entsetzen – Präzedenzlosigkeit – Fremdartigkeit – kollektivistische Schuldzuschreibung – Vorstellungen von dem Feind als ›dem Bösen‹ – Verlangen nach radikaler, eventuell sogar extremer, oder nach maßvoller Reaktion auf der einen Seite sowie Zustimmung, ja Enthusiasmus auf der anderen sind Worte bzw. Realitäten, die auch im Hinblick auf den Bolschewismus und auf den Nationalsozialismus als die beiden mächtigsten totalitären Bewegungen und Regime des 20. Jahrhunderts Anwendung finden können.«

Aber schon die Fortsetzung des Arguments beginnt in der herbeigeholten Analogie zu hinken: der Putsch der Bolschewiki im

16 Vgl. exemplarisch Ernst Nolte, Streitpunkte. Heutige und künftige Kontroversen um den Nationalsozialismus. Berlin/Frankfurt 1993.

17 Ernst Nolte, Der kausale Nexus. München 2002, S. 9.

November 1917 stürzte »ein bürgerlich-demokratisches Regime« (ebd., S. 10). Dass Russland sich vom März bis November 1917 im Kriegszustand flugs in ein bürgerlich-demokratisches Regime verwandeln konnte, haben bisher nur die stalinistischen Historiker behauptet. Aber darauf kommt es nicht an. Denn die Zustimmung zu dieser zum Frieden bereiten bolschewistischen Regierung in der proletarischen Welt bis hin zum Enthusiasmus und zur Steigerung des Aufrufs der kommunistischen Weltbewegung zum »Endkampf gegen den Kapitalismus« rief andererseits in der zivilisierten Welt Protest hervor gegen die »planmäßige Vernichtung einer ganzen Gesellschaftsklasse« – zitiert Nolte den Korrespondenten der Frankfurter Zeitung. Aber sie schoss sich bald auf eine maßvolle und eher systemgerechte Antwort ein, während die »kollektivistische Schuldzuschreibung« gegen »die Russen« oder »die Juden« zum zentralen Impuls der Partei Hitlers wurde. »Es ist in meinen Augen unzulässig, das antibolschewistische Entsetzen im Falle Hitlers und der anderen führenden Nationalsozialisten für einen bloßen Vorwand zu erklären, ja die These darf nicht von vornherein abgewiesen werden, dass die künftigen Massenmörder in ihren politischen Anfängen von Zorn, Hass und Erbitterung gegenüber aktuellen Massenmördern erfüllt waren und sich weiterhin von diesem Empfinden bestimmen ließen.« (ebd., S. 10) Folgt man dieser Logik, dann wird uns Hitler quasi als humanitärer Kritiker des terroristischen Bolschewismus angedient, dessen antisemitischer Rassismus als legitime humanitäre Gegenwehr gegen die bolschewistischen Greuel fungiert.

Kern seiner These von den zukünftigen und den aktuellen Massenmördern ist die unmittelbarste Veranschaulichung jenes »kausalen Nexus«, von dem nicht wenige Autoren behaupten, es habe ihn gar nicht gegeben. Wer ihn leugne, bagatellisiere das antikommunistische Motiv im Nationalsozialismus zur grundlosen Einbildung und zum Vorwand und erkläre den »antisemitischen«[von Nolte in Anführungzeichen gesetzt] Impuls zur bloßen Wahnvorstellung. »Wer das tut, raubt der Geschichte des 20. Jahrhunderts ihr ideelles und reales Gewicht, ja sogar ihre umfassende Schrecklichkeit, die mit polemischer Intention auf eine der mitwirkenden Kräfte beschränkt wird. Damit aber schneiden die Betreffenden sich selbst die Möglichkeit ernsthaften Nachdenkens ab und täuschen sich über den verwirrenden und tragischen Aspekt der Weltgeschichte hinweg, der so häufig den Streit zwischen Recht und Recht oder die Verwandlung von Recht in Unrecht zum Inhalt hatte. Wenn diese Auffassung richtig wäre, würde allerdings meine Revision von weitverbreiteten Auffassungen, die den ›kausalen Nexus‹ hervorhebt und auf die Erarbeitung jenes neuen Paradigmas hinausläuft, hinfällig sein.« (ebd., S. 11)

Nur ideologiegeleitete Narren könnten heute behaupten, dass etwa die Sicherung der Verbindungswege zu den mittelasiatischen Ölquellen das »einzige« Motiv für den Angriff auf die Taliban gewesen sei und nicht etwa die Zerstörung des World Trade Center oder gar, die »ganz rational handelnde Staatsführung« habe die resultierenden Emotionen nachträglich nur instrumentalisiert. »Mutatis mutandis drängt sich die Anwendung auf, obwohl es keine Analogie zu dem Extremismus der ›kollektivistischen Schuldzuschreibung‹ gibt, die in ›den Juden‹ die fremdartigen Urheber des mörderischen Bolschewismus sehen wollte.« (ebd., S. 11)

»Hitlers Machtübernahme 1933 löste selbst bei den Kommunisten kaum Entsetzen aus, weil sie im Sieg Hitlers nur das Vorspiel ihres eigenen Triumphes wahrnehmen wollten. Nur die Juden empfanden in ihrer großen Mehrheit das Entsetzen über eine fremdartige Barbarei, das aber über mehrere Jahre hinweg von der noch lebendigen Erinnerung an die viel härtere Verfolgung der (zum Teil jüdischen) ›Bourgeoisie‹ in der Sowjetunion temperiert wurde. Erst während des deutsch-sowjetischen Krieges wurden sie als angebliche Urheber und permanente Feinde Deutschlands zu Opfern einer ›Gegen-Vernichtung‹, die eigentlich der bolschewistischen Weltbewegung sowie mehr und mehr ebenfalls dem ›westlichen Kapitalismus‹ galt.« (S. 12) Erst nach 1945 kam das allgemeine Entsetzen auf und erklärte Hitler und das NS-Regime als das »absolut Böse«, »das sie selbst 25 Jahre zuvor im Bolschewismus und auch im Judentum gesehen hatten und das heute von nicht wenigen Amerikanern im islamischen Terrorismus wahrgenommen wird«. Heute jedoch sei die Zeit reif für die Einsicht, »dass Präzendenzloses, Entsetzenerregendes, ›radikal Böses‹ auf vielfältige Weise mit dem Prozess der ›Globalisierung‹ verbunden ist, welcher Widerstände und konkrete Schuldzuweisungen hervorruft, obwohl das Bemühen um Verstehen radikaler bzw.

extremer Antworten in der Vergangenheit nicht ohne Erfolgsaussicht war und in der Gegenwart einige Erfolgsaussichten gehabt hätte«. (ebd.)

So sei z. B. der Angriff auf Afghanistan »erfolgreich« zu Ende geführt als »von allen großen Staaten unterstützte Polizeiaktion der Weltzivilisation«. Nach dieser Logik müssten aber die USA noch weitere Schurkenstaaten mit Krieg überziehen, was sich eines Tages als Quelle großen Unheils erweisen könnte. »Für die heutigen Historiker jedoch sollte nach dieser eindeutigen Erfahrung eines ›kausalen Nexus‹ zwischen einem singulären Großereignis und den Möglichkeiten der Reaktion darauf endlich der Weg frei sein, um ohne überbordende Leidenschaft und politische Zwecksetzungen jene Ereignisse der Vergangenheit des 20. Jahrhunderts zum Thema zu machen, bei denen ein vergleichbarer kausaler Nexus zu erkennen ist.« (S. 13)

Der gekränkte Nationalist

Kurz vor seinem Tod hat der renommierte französische Historiker François Furet ein großes Werk unter dem Titel »Le passé d'une illusion. Essai sur l'idèe communiste aux XXe siècle« vorgelegt, das der deutsche Piper-Verlag großzügig ummünzen ließ in den Titel: Das Ende der Illusion. Der Kommunismus im 20. Jahrhundert«. Darin würdigt er in einer langen Anmerkung das Verdienst Noltes, gegenüber der Ideologie des Antifaschismus das Tabu für die Forschung durchbrochen und damit die Möglichkeit eröffnet zu haben, den sowjetischen Terror als eines der grundlegenden Elemente für die Popularität des Faschismus und Nationalsozialismus für die Forschung stärker in Betracht zu ziehen. Leider habe jedoch Nolte die Wirkung seiner Position dadurch geschwächt, dass er versuchte, die Juden zu organisierten Gegnern Hitlers zu erklären und einen kausalen Nexus von Gulag und Auschwitz herzustellen. Zweifellos beziehe sich Nolte auf den unterschwellig vorhandenen gedemütigten Nationalismus, der ein Hauptmotiv seiner Bücher sei. »Wie erklären Sie sich«, fragt er Nolte, »dass all Ihren Lesern in Ihren Büchern der eigentümliche Schmerz eines deutschen Staatsbürgers aufgefallen ist, der unter der Tragödie seines Volkes und den beispiellosen Vorwürfen, die sein Land in folge der Naziverbrechen trafen, leidet? (...) Muss man nicht darin, dass Sie dem Nazismus Sekundärcharakter im Vergleich zum Bolschewismus zuschreiben, einen Versuch sehen, die eine Seite zu entschuldigen und die andere zu belasten? Wenn die Naziverbrechen nichts als eine Antwort auf die Verbrechen der Bolschewiki sind, so hatten sie deswegen offensichtlich einen zwar nicht weniger kriminellen, wohl aber weniger absichtlichen und, in jeder Bedeutung des Wortes, weniger ursprünglichen Charakter.«[18]

Furet spricht hier – in kollegialer Souveränität – das Motiv aus, das offenbar schon in Noltes erstem grundlegenden Werk angelegt, aber noch nicht eindeutig erkennbar war. Es ging und geht ihm um die Heilung des gekränkten Nationalstolzes und dazu ist die Entsorgung der Schuldfrage einer der wichtigsten Schritte. So hat sich Nolte im hohen Alter mit immer eindeutigeren Formulierungen auch den radikalen Revisionisten angenähert. Darauf weisen viele international renommierte Autoren der französischen Zeitschrift »le debat« hin, die im Dezemberheft vorigen Jahres aus Anlass der französischen Übersetzung von Noltes »Der europäische Bürgerkrieg« bilanzierend Stellung bezogen. Charles S. Maier bescheinigt Nolte klare Entschuldungstendenzen, weil er mit seiner Arbeit auf rabulistische Weise die revisionistische Literatur in indirekter und unfasslicher Form verteidige. Diese Ambiguität resultiere aus einer rhetorischen Strategie: Zuerst stelle er eine deplazierte Frage, die er dann in einem ständigen, nicht endenden Rückgriff bis zur Verharmlosung verknüpfe, um schließlich drittens alles in eine Suppe zu rühren, um darin die monströsen Morde und anderen Verbrechen aus dem Zentrum der Kritik zu verschieben.[19]

Der Herausgeber und Mitautor des »Schwarzbuch des Kommunismus«, Stéphane Courtois, hat Ernst Noltes These des »kausalen

18 François Furet/Ernst Nolte, »Feindliche Nähe«. Kommunismus und Faschismus im 20. Jahrhundert. Ein Briefwechsel. München 1998, S. 115 f.

19 Charles S. Maier, Lettre ouverte à Ernst Nolte. In: le debat. Histoire, politique, société. Nr. 122, (Nov.–Dez.) 2002. S. 154–164; vgl. auch die Beiträge von Édouard Husson: Le ›noyau irrationnel‹ de l'oevre de Nolte; Denis Trierweiler: Un spectre hante Ernst Nolte.

Nexus« von Kommunismus und Nationalsozialismus positiv aufgenommen und die von Nolte noch vermiedene quantitative Aufrechnung in einem monströsen Zahlenwerk tatsächlich vorgenommen. Er hat darüber hinaus dem »kausalen Nexus« auch noch eine prioritäre »genetische« Fundierung verpasst: Er ontologisierte den Kommunismus schlechthin zur »kriminogenen Ideologie«. Alle Aussagen von Courtois über den Kommunismus sollen glauben machen, dass die Verbrechen ihren Grund darin haben, dass sie »Verbrechen gegen den Geist«, also der Sache nach ideologischer Natur seien.[20] Kein Zufall, dass er auch das Vorwort zur französischen Ausgabe des »Europäischen Bürgerkriegs« beisteuerte, in dem er sich als zur Nolte-Schule zugehörig empfiehlt. Nolte nun seinerseits stimmt in seiner Einleitung zur französischen Ausgabe mit Courtois' Methode der den Faschismus entlastenden Aufrechnungen vollständig überein und spitzt noch einmal zu: Nicht der Nationalsozialismus, sondern »der Marxismus«, schreibt er, »ist eine Vernichtungsideologie« und »der Bolschewismus seine praktische Anwendung«. Das gefällt auch Italiens Ministerpräsidenten und Vorsitzenden der rechtsgerichteten bürgerlichen Partei »Forza Italia«, Silvio Berlusconi, der schon 1998 binnen zwei Wochen durch seinen Mondadori Verlag über 100 000 Exemplare von Courtois' »Schwarzbuch« zu einem Niedrigpreis unter die Leute brachte; sein Parteikollege und Präsident des italienischen Senats, Marcello Pera, lud am 6. Mai 2003 Ernst Nolte zum Vortrag in den Palazzo Giustiniani unter dem Titel »La filosofia europea e il futuro dell Europa«, wo dieser die Umkehr der Schuldfrage auf die Spitze trieb: Zwei der drei großen »ideokratischen Staaten« des 20. Jahrhunderts, das kommunistische Russland und das nationalsozialistische Deutschland, seien definitiv untergegangen. Der dritte hingegen, das »zionistische Israel«, existiere weiter. Und nun bedient er sich wieder der von ihm allseitig gepflegten Kunst der Assoziationsweckung durch Konditionalkonstruktionen und stellt auf diese Weise jenen »Nexus« her, auf den es ihm ankommt: »Wenn Israel mit stillschweigender Billigung der Amerikaner die von

20 Vgl. Bernhard Schmid/Wolfgang Wippermann, Das ›Schwarzbuch‹ und seine Autoren. In: Jens Mecklenburg/Wolfgang Wippermann (Hrsg.) »Roter Holocaust?«. Kritik des Schwarzbuch des Kommunismus. Hamburg 1998, S. 244.

den Turbulenzen der Nachkriegszeit gebotene Gelegenheit nützen sollte, eine ›Umsiedlung‹ der Palästinenser durchzuführen, die (wenn die Umfrageergebnisse stimmen) von einer starken Minderheit der Bevölkerung gewünscht wird, dann wäre das einzige wesentliche Element der Unterscheidung zwischen Israel und dem Dritten Reich ›Auschwitz‹, ein Ereignis, das einen großen Krieg zur Voraussetzung hatte, das allerdings im Mittleren Osten keine Analogie in diesem Sinne hat.«

Völkische Schuldumkehr

Die Entsorgung der Schuldfrage am Beispiel der Vertriebenenverbände

von Samuel Salzborn

Im Frühjahr dieses Jahres war in Berlin offiziell Baubeginn für das Holocaust-Mahnmal, das in rund zwei Jahren fertig gestellt sein soll. Geht es nach dem Willen der deutschen Vertriebenenverbände, dann soll in unmittelbarer Nähe auch eine ähnliche Einrichtung zum Gedenken an die »deutschen Opfer« entstehen. Und zwar, so heißt es, in »geschichtlicher und räumlicher Nähe«.[1] Das konzeptionelle Vorbild für dieses von den Vertriebenenverbänden geforderte »Zentrum gegen Vertreibungen« sei das Holocaust Memorial Museum in Washington.

Angesichts der großen Anzahl von Gedenkorten in der Bundesrepublik und ihrer erheblichen inhaltlichen Divergenz – von martialischen Kriegerdenkmälern über abstrakte Gewaltherrschaftsverurteilungsmahnmale bis hin zu den NS-Gedenkstätten[2] – scheint die Errichtung eines solchen Vertriebenenzentrums auf den ersten Blick nicht sonderlich bedeutsam für den geschichtspolitischen Kanon der Berliner Republik. Das Engagement gegen Vertreibungen, das in der Verwendung des Plurals im Namen des geplanten Zentrums zum Ausdruck kommt, scheint sogar ein Zeichen gegen Unmenschlichkeit und Verbrechen setzen zu wollen und damit alles andere zu bieten als den

1 Vgl. Dieter Wonka: Vertriebene für Gedenkstätte neben Holocaust-Mahnmal, in: Leipziger Volkszeitung v. 29. 5. 2000.

2 Vgl. Marc Schwietring: Konkretionen des Erinnerns. Der Wandel des Gedenkens an historischen Stätten der NS-Verbrechen, in: Michael Klundt u. a.: Erinnern, verdrängen, vergessen. Geschichtspolitische Wege ins 21. Jahrhundert, Gießen 2003, S. 137 ff.

von den Vertriebenenverbänden gewöhnlich verbreiteten Geschichtsrevisionismus.[3] Und wäre da nicht die deutsche Vergangenheit und die NS-Volkstums- und Vernichtungspolitik und würde geschichtliche Entwicklung stets nur chronologisch aufeinander folgen und nicht auch in genetisch-kausalem Zusammenhang zueinander stehen, dann wäre dem sicher auch so.

Doch die gewünschte räumliche Kontextualisierung bedeutet eine historische Entkontextualisierung. Der Wunsch der Vertriebenenverbände nach »geschichtlicher« Nähe ihrer Gedenkstätte zum Holocaust-Mahnmal ist verknüpft mit dem nach Nähe zum deutschen Massenmord an den europäischen Juden. Genauer gesagt: zu deren Opferstatus. Stellvertretend für die Deutschen erklären die Vertriebenen, dass man selbst Opfer gewesen sei und historisch auf einer Stufe mit den ermordeten Jüdinnen und Juden stehe. Die Vertriebenenpräsidentin und CDU-Bundestagsabgeordnete Erika Steinbach formuliert das folgendermaßen: »Im Grunde genommen ergänzen sich die Themen Juden und Vertriebene miteinander. Dieser entmenschte Rassenwahn hier wie dort, der soll auch Thema in unserem Zentrum sein.«[4]

Dieser Vergleich ist die vollkommene Verdrehung der Geschichte. Denn die Umsiedlung der Deutschen erfolgte in Konsequenz auf den Nationalsozialismus und in Konsequenz auf die Massenvernichtung der europäischen Juden. Entgegen der Politik der Nazis wurde sie im Potsdamer Abkommen (Art. XIII) völkerrechtlich verbindlich festgelegt. Auch die Vokabel »Rassenwahn« erscheint hinsichtlich der Umsiedlung der Deutschen unangemessen: Die Umsiedlung erfolgte nicht aus rassistischen, sondern aus antifaschistischen Gründen. Sie sollte dem damaligen Verständnis zufolge das künftige Konfliktpotenzial in Osteuropa verringern, denn schließlich hatten die so genannten deutschen Minderheiten (bzw. wie es damals hieß: Volksdeutschen) in Osteuropa während des Nationalsozialismus soziale und politische Konflikte geschürt. Der von der großen Mehrheit der Sudetendeutschen von Beginn an geführte und explizit gegen die

3 Vgl. zur Ideologie der Vertriebenenverbände: Samuel Salzborn: Grenzenlose Heimat. Geschichte, Gegenwart und Zukunft der Vertriebenenverbände, Berlin 2000, S. 131 ff.

4 Erika Steinbach, zit. n. Wonka 2000.

junge tschechoslowakische Demokratie gerichtete Volkstumskampf ist hier sicher das prominenteste Beispiel.[5]

Diese Politik der völkischen Destabilisierung bildete die zentrale Grundlage der NS-Außenpolitik, zumindest so lange, wie diese ihre Interessen nicht auf kriegerisch-militärischem Weg verfolgte. Die Volkstumspolitik, die zur Umsiedlung der Deutschen führen sollte, war letztlich ein zentraler Aspekt der Vorbereitung und Umsetzung der deutschen Eroberungs- und Vernichtungspolitik. Jüngste Forschungen im Bereich der Sozialgeschichte belegen überdies einen strukturellen Zusammenhang zwischen deutscher Volkstums- und Minderheitenpolitik in Osteuropa und der Massenvernichtung der europäischen Juden.[6]

Wenn Erika Steinbach, die in der Vergangenheit von der *Frankfurter Rundschau* bereits eine symbolische Rote Karte als »intellektuellen Platzverweis« wegen der Gleichsetzung der Judenvernichtung mit der Umsiedlung der Deutschen gezeigt bekommen hatte,[7] sagt, die »Themen Juden und Vertriebene« würden sich ergänzen, hat das nicht nur eine historisch verquere Dimension. Denn das »Zentrum gegen Vertreibungen« soll 160 Millionen Mark (knapp 82 Millionen Euro) kosten,[8] das Holocaust-Mahnmal hingegen nur 50 Millionen Mark (gut 25,5 Millionen Euro).[9] Statt eine historische Rekontextualisierung zu leisten, sollen mit dem »Zentrum gegen Vertreibungen« jedoch gerade die kausalen Zusammenhänge von NS-Volkstums- und Vernichtungspolitik auf der einen und Flucht und Vertreibung der Deutschen auf der anderen Seite verschüttet werden. Abstrahierend

---

5 Vgl. Volker Zimmermann: Die Sudetendeutschen im NS-Staat. Politik und Stimmung der Bevölkerung im Reichsgau Sudetenland (1938–1945), Essen 1999.

6 Vgl. Ingo Haar: Deutsche »Ostforschung« und Antisemitismus, in: Zeitschrift für Geschichtswissenschaft, H. 6/2000, S. 485 ff. sowie neuerdings: Isabel Heinemann: »Rasse, Siedlung, deutsches Blut«. Das Rasse- und Siedlungshauptamt der SS und die rassenpolitische Neuordnung Europas, Göttingen 2003.

7 Vgl. reck: Rote Karte, in: Frankfurter Rundschau v. 12. 12. 1998.

8 Vgl. Philip Cassier: Vertriebene fordern 160 Millionen Mark, in: Berliner Zeitung v. 7. 6. 2000. Ersten Angaben zufolge war sogar ein Betrag von bis zu 200 Millionen Mark anvisiert worden. Vgl. Gernot Facius: Suche nach einem Haus für Vertriebenen-Stiftung, in: Die Welt v. 27. 8. 1999.

9 Vgl. ul./mmw.: Thierse spricht von »bösartigen Verdächtigungen«, in: Frankfurter Allgemeine Zeitung v. 22. 9. 2000; Martina Meister: Jetzt wird es wirklich, in: Frankfurter Rundschau v. 19. 5. 2001.

von politischen Interessen und historischen Kausalitäten soll ein Appell am Moral und Gewissen der Menschen gerichtet werden. Nicht das *Warum?* steht dabei im Mittelpunkt, sondern das *Was?* bzw. das *Wie?*. Kausalität droht bei einem solchen Konzept unterzugehen. Eine solche fragmentarisierte Geschichtsdarstellung, bei der Ursachen und Akteure, vor allem aber auch Motive und Interessen aus dem Bewusstsein getilgt sind, erlaubt eine sich auf Beliebigkeit gründende Politik in der Gegenwart, die aufgrund ihres Ahistorismus zwar entpolitisiert, aber damit alles andere als unpolitisch ist.

Nicht an den Verstand, sondern an das Gefühl richtet sich der Appell. Denn wer wird nicht ergriffen sein von den schrecklichen Fotografien, die Menschen auf der Flucht zeigen? Und bei wem werden solche Bilder nicht ein Gefühl der moralischen Empörung auslösen? Doch der Code der Politik ist mit dem der Moral nicht deckungsgleich, wie Hans Magnus Enzensberger unlängst betont hat.[10] Und vielen der Empörten wird es sicher nicht gelingen, genau diese Unterscheidung zu treffen. Abstrahiert wird von konkreten Interessen. Der eigene Subjektivismus wird idealisiert, statt ihn zu reflektieren. Die Reduktion von Flucht und Vertreibung auf ihre gewaltförmigen Elemente eignet sich dabei vortrefflich zur Projektion der eigenen Verantwortung auf die alliierten und assoziierten Mächte. Denn im Mittelpunkt steht für die Vertriebenenverbände getreu ihres völkisch-organischen Volksverständnisses nicht der einzelne Mensch, das Individuum mit seinen Erfahrungen, die ganz unterschiedlich ausfallen können: Es gibt, so zeigen Zeitzeugengespräche, auch zahlreiche Flüchtlinge, die auf der einen Seite den Verlust ihrer Heimat bedauern, aber auf der anderen trotzdem die Umsiedlung wegen der vorangegangenen NS-Verbrechen für gerecht halten. Nur sind diese Menschen in den seltensten Fällen Mitglieder der Vertriebenenverbände. Das Leid des Individuums *als Individuum* spielt dort bestenfalls eine beigeordnete Rolle, da es auch widersprüchliche Momente der Erinnerung an die Oberfläche befördern könnte, die die dogmatisch kollektivistische Sicht der Vertriebenenverbände in Frage stellen würden. Das Ziel ist aber kein realistischer und

10 Vgl. Hans Magnus Enzensberger: Blinder Frieden, in: Frankfurter Allgemeine Zeitung v. 15. 4. 2003.

historisch angemessener Blick auf die Vergangenheit, sondern die Sanktionierung von Flucht und Vertreibung als kollektives Unrecht, für das auch keine individuelle Verantwortung oder gar Schuldigkeit auf deutscher Seite gelten soll. »In der abstrakten Vorstellung des universalen Unrechts geht jede konkrete Verantwortung unter«, notierte bereits Adorno treffend in der *Minima Moralia*.[11]

Problematisch ist dabei nicht, den Gegenstand Flucht und Vertreibung als solchen zu thematisieren und sich um eine adäquate Einordnung und Interpretation zu bemühen. Zu kritisieren ist vielmehr die Art und Weise, in der diese Auseinandersetzung mit der Vergangenheit geschieht. Hier ist Bundestagsvizepräsidentin Antje Vollmer voll zuzustimmen, wenn sie sagt, dass eine politische Organisierung entlang des Themas »Vertreibung« zu verstehen sei als das Interesse an der Wachhaltung des Erfahrenen – allerdings »nicht im Sinne des Mitleids, sondern im Sinne einer offenen Rechnung«.[12] Denn es geht in dem neuen deutschen Opferdiskurs gerade nicht um die Auseinandersetzung mit dem individuellen Schicksal und Leid der betroffenen Menschen, sondern um den Versuch einer Interpretation von Flucht und Vertreibung als kollektiv zu sanktionierendes Unrecht. Dabei steht nicht die Aufklärung über die Vergangenheit im Zentrum, sondern das Bestreben nach Schaffung und Formung einer kollektiven Opferidentität: »Die Deutung der Vergangenheit wird dabei nicht nur zum Streitfall, sondern sie kann auch, national wie international, zum Ziel politischer Einflussnahme werden – sei es, um bestimmte Inhalte kollektiver Identität zu beeinflussen, sei es, um politische Gegner mit historischen Argumenten zu bekämpfen, sei es, um in den internationalen Interessenkonflikten Ansprüche historisch zu rechtfertigen.«[13]

Durch die Kollektivierung der individuellen Geschichte(n) soll der historische Kontext revidiert werden. Einerseits werden so die Ursachen von Flucht und Umsiedlung negiert, andererseits zugleich

---

11 Vgl. Theodor W. Adorno: Minima Moralia. Reflexionen aus dem beschädigten Leben, Gesammelte Schriften Bd. 4, Frankfurt a. M. 1997, S. 25.

12 Antje Vollmer: Tiefe Resignation. Interview in: Süddeutsche Zeitung v. 9. 2. 2002.

13 Peter Steinbach: Geschichte und Politik – nicht nur ein wissenschaftliches Verhältnis, in: Aus Politik und Zeitgeschichte. Beilage zur Wochenzeitung Das Parlament v. 6. 7. 2001, S. 7.

die von den Alliierten vertretene Legitimität ihrer Folgen infrage gestellt. Denn die Delegitimation der antifaschistischen Neuordnung Europas nach der Niederschlagung des Nationalsozialismus durch die Alliierten wird erst durch die Zerlegung der Geschichte in scheinbar unzusammenhängende Zufälle möglich; erst wenn Flucht, Vertreibung und Umsiedlung der Deutschen nicht mehr im Kontext des Nationalsozialismus gedacht werden, besteht die Möglichkeit der moralischen Entlastung und damit der Forderung nach ihrer kollektiven Sanktionierung als Unrecht.

Auf diese Weise findet zugleich auch eine Entpolitisierung der Geschichte statt, denn sie wird nicht mehr in ihren kausalen Zusammenhängen und Kontexten dargestellt und interpretiert, sondern lediglich empirisch-segregiert erfasst. Der diesem Prozess innewohnende Hang zur unreflektierten Moralisierung, der sich am deutlichsten daran zeigt, dass von rechter Seite nur äußerst selten sachlich über Flucht und Umsiedlung der Deutschen gesprochen werden kann,[14] ist aber notwendigerweise auch Teil der bewussten politischen Strategie. Denn diese im Sinne einer enthistorisierten Politik entpolitisierte Argumentation erhofft sich gerade durch ihren Appell an das Gefühl Zustimmung.

Es handelt sich dabei um einen Prozess, den Sabine Moller in anderem Zusammenhang als Entkonkretisierung beschrieben hat;[15] eine auf die Entkontextualisierung folgende Moralisierung, bei der alles mit allem vergleichbar wird, weil die Fakten bis zur Sinnleere entstellt sind. Die Komplexität der Wirklichkeit wird durch emotionale Regression auf Fragmente reduziert. So greift jede Analogie, da ihre Adressaten sich keines erkenntnis- und bewertungstheoretischen Kontextes der Aussage mehr bewusst sind, sondern lediglich nach den ontologisierten Kriterien von »Gut« und »Böse« scheiden, die als analytische Kategorien per se unbrauchbar sind. Ursache eines solchen Reflexes ist nicht zuletzt die marginale Transparenz der Befassung mit dem Nationalsozialismus, der einem Artefakt gleich behandelt wird, ohne sich seiner Realität in historischer und politischer Dimension

---

14 Beispielhaft in jüngster Vergangenheit hierfür sicherlich: Klaus Rainer Röhl: Verbotene Trauer. Ende der deutschen Tabus, München 2002.

15 Vgl. Sabine Moller: Die Entkonkretisierung der NS-Herrschaft in der Ära Kohl, Hannover 1998.

bewusst zu sein. Durch diesen Umgang mit Geschichte wird – dies aber nur am Rande – zugleich auch die historische Volkstumspolitik in ihrer tatsächlichen Relevanz marginalisiert und moralisch entlastet, was die Möglichkeit zur Umsetzung von völkischen Konzepten in der Gegenwart schafft.[16]

Das Ziel der neuerlichen Debatte um Flucht, Vertreibung und Umsiedlung der Deutschen infolge des Nationalsozialismus ist somit vor allem eines nicht: eine Auseinandersetzung mit den individuellen Schicksalen und Traumatisierungen der Menschen, die es – das hat Alfred Krovoza überzeugend gezeigt – unabhängig von einer Kategorisierung des Opfer-Täter-Verhältnisses gegeben hat.[17] Die Traumatisierung bezieht sich gleichermaßen auf erlittene wie ausgeübte Gewalt und beinhaltet als Ergebnis von Gewalterfahrungen zunächst keine politische oder moralische Wertung oder Schuldzuweisung. So konnten sich auch die Deutschen als eine »derart in ihren Wahnzielen bloßgestellte, der grausamsten Verbrechen überführte Population« in der unmittelbaren Nachkriegszeit um nichts anderes kümmern, »als um sich selbst«, wie Alexander und Margarete Mitscherlich es in *Die Unfähigkeit zu trauern* so treffend formuliert haben.[18]

Die Tatsache, einer Lehre gefolgt zu sein, die den Deutschen besondere Privilegien in der Welt versprach, und die, dass man während des Nationalsozialismus seine eigenen Aggressionen auf Mitmenschen projiziert hatte, die im Akt der Projektion in Untermenschen verwandelt worden waren, führte bei der überwältigenden Mehrheit der Deutschen nicht etwa zu Scham, sondern provozierte die kindliche Ausrede, man sei »nur« dem Führer gefolgt. Das erklärt, wie die Mitscherlichs betonen, die »Neigung vieler Deutscher, nach dem Kriegsende die Rolle des unschuldigen Opfers einzunehmen. Jeder einzelne erlebt die Enttäuschung *seiner* Wünsche nach Schutz und

---

16 Vgl. hierzu ausführlich: Samuel Salzborn: Heimatrecht und Volkstumskampf. Außenpolitische Konzepte der Vertriebenenverbände und ihre praktische Umsetzung. Mit einem Vorwort von Wolfgang Kreutzberger, Hannover 2001, S. 144 ff.

17 Vgl. zum folgenden: Alfred Krovoza: Die (west-)deutsche Gesellschaft nach dem Gewaltexzess von Zweitem Weltkrieg und Judenvernichtung, in: Loccumer Initiative kritischer Wissenschaftlerinnen und Wissenschaftler (Hg.): Gewalt und Zivilisation in der bürgerlichen Gesellschaft, Hannover 2001, S. 110 ff.

18 Vgl. Alexander Mitscherlich/Margarete Mitscherlich: Die Unfähigkeit zu trauern. Grundlagen kollektiven Verhaltens, 13. Aufl., München 1980, S. 35.

Führung; er ist missleitet, verführt, im Stich gelassen und schließlich vertrieben und verachtet worden, und dabei war er doch nur folgsam, wie die erste Bürgerpflicht es befahl.«[19] Diese infantile Haltung »vergisst« nicht nur die historischen Fakten, sondern sie dreht das Opfer-Täter-Verhältnis zu den eigenen Gunsten um, da zwar ein Akt der Zerstörung und Vernichtung bedauert wird – jedoch der an der eigenen Substanz und der der eigenen Wünsche.

Die in der Zeit nach Ende des Zweiten Weltkriegs zu attestierende Schuldabwehr und Vergangenheitsverleugnung ging somit einher mit einer geradezu rituellen Kultivierung der eigenen Unschuld und des eigenen Opferstatus. Dass dies zwar wissenschaftlich, politisch und literarisch bis in die Gegenwart zu einem nicht mehr überschaubaren Berg an Büchern zum Thema Flucht und Vertreibung geführt hat, es aber zugleich keine kritische Reflexion über die verdrängten Ursachen gab, erklärt die absurde Behauptung, es habe ein gesellschaftliches Tabu gegeben, über das Thema zu sprechen. Man müsste nicht extra Marcel Reich-Ranicki als prominente Autorität und glaubwürdigen Zeugen aufbieten, der gegenüber der *FAZ* auf die Inexistenz eines solchen Tabus hingewiesen hat;[20] es genügte bereits ein offener Blick auf die Vergangenheit, um zu wissen, dass es innergesellschaftlich mindestens ein Thema gab, das in der Bundesrepublik zu keinem Zeitpunkt mit einem Sprechverdikt belegt gewesen ist: die Flucht und Vertreibung der Deutschen. Das Thema war nicht nur nicht tabuisiert, sondern sogar bereits in den 1950er Jahren »allgegenwärtig« und ein wichtiges Medium, um sich als »Nation von Opfern« darzustellen, wie der amerikanische Historiker Robert G. Moeller betont.[21]

Dem stets halluzinierten Vorwurf einer deutschen Kollektivschuld, den es tatsächlich von alliierter und assoziierter Seite als politische

19 Ebd., S. 53 f., Hervorhebung im Original.

20 Vgl. Marcel Reich-Ranicki: Die Berliner sollten lieber Kleist aufführen!, Interview in: Frankfurter Allgemeine Zeitung v. 19. 2. 2002.

21 Vgl. Robert G. Moeller: Als der Krieg nach Deutschland kam, in: Frankfurter Allgemeine Zeitung v. 8. 6. 2002. Siehe hierzu auch: Ders.: Die Vertreibung aus dem Osten und westdeutsche Trauerarbeit, in: Brigitta Huhnke/Björn Krondorfer (Hg.): Das Vermächtnis annehmen. Kulturelle und biographische Zugänge zum Holocaust – Beiträge aus den USA und Deutschland, Gießen 2002, S. 113 ff.

Handlungsmaxime nicht gegeben hat,[22] wird dabei mit einer Geschichtsinterpretation begegnet, die geradewegs auf die Schaffung eines Mythos deutscher Kollektiv*unschuld* zusteuert. Dazu muss freilich der Nationalsozialismus historisch entsorgt werden, was keineswegs unbedingt die Leugnung der Geschichte bedeutet. Dazu muss vor allem eine Kollektivierung individueller Schicksale von deutschen Flüchtlingen vorgenommen werden, die den Blick frei gibt auf eine entpolitisierte Sicht auf die Geschichte. In dieser ist freilich kein Platz für disharmonische Elemente der Erinnerung, so dass selbst die historische Mehrphasigkeit des heute generalisierend unter dem Oberbegriff Vertreibung summierten Vorgangs mit all ihrer Widersprüchlichkeit übergangen wird: denn »die Vertreibung« – so hat der konservative Historiker Theodor Schieder bereits kurz nach Kriegsende herausgearbeitet – setzte sich aus den höchst different zu charakterisierenden, sich teilweise historisch aber auch überlagernden vier Phasen von Evakuierung, Flucht, Austreibung/Vertreibung und Ausweisung/Umsiedlung mit permanent wechselnden Variablen (Akteure, Rechtslage, lokaler und temporärer Mikrokontext etc.) zusammen.[23]

Das Ziel der Schaffung eines »Zentrums gegen Vertreibungen« im Sinne der Vertriebenenverbände ist damit alles andere als eine – im übrigen nach wie vor überaus notwendige – Aufarbeitung der Vergangenheit, die natürlich auch eine Auseinandersetzung mit den Verbrechen beinhalten müsste, zu denen es während Flucht und Vertreibung gekommen ist – auch wenn (oder gerade weil) dieses Thema bereits zu den am umfangreichsten erforschten der deutschen Zeitgeschichte zählt.[24] Es geht aber gerade nicht um eine

---

22 Vgl. Wolfgang Benz: Kollektivschuld, in: ders. (Hg.): Legenden, Lügen, Vorurteile. Ein Wörterbuch zur Zeitgeschichte, 5. Aufl., München 1994, S. 117 ff.

23 Vgl. Theodor Schieder: Die Vertreibung der Deutschen aus dem Osten als wissenschaftliches Problem, in: Vierteljahrshefte für Zeitgeschichte, H. 1/1960, S. 10 f.

24 Die von Gertrud Krallert-Sattler zusammengetragene Bibliografie zum Thema (»Kommentierte Bibliographie zum Flüchtlings- und Vertriebenenproblem in der Bundesrepublik Deutschland, in Österreich und in der Schweiz«, Wien 1989) verzeichnete auf mehr als 900 Seiten im DIN A4-Format bereits rund 4500 Titel, wobei lediglich die Literatur bis einschließlich 1986 systematisch erfasst worden war. – An dieser Stelle sei auf die Initiative zur Schaffung eines

kritische Reflexion des Vergangenen, bei der man der berühmten Formulierung Adornos folgend »das Vergangene im Ernst verarbeite, seinen Bann breche durch helles Bewußtsein«,[25] sondern es geht um die Wiederherstellung des »aufrechten Gangs« – wie der kategorische Abschied von der deutschen Vergangenheit in rechtsextremen (und mitunter auch konservativen) Kreisen euphemistisch genannt wird.

Von diesem »aufrechten Gang« ist es sprachlich nur ein kurzer Weg bis zum diskursiven Verschwinden des deutschen Massenmordes an den europäischen Juden. In Vertriebenenkreisen wird die Vertreibung der Deutschen bereits heute ganz offen als »Holocaust an den Deutschen« bezeichnet;[26] bis vor wenigen Jahren waren derartige Formulierungen ausschließlich auf die Zirkel knallharter Neonazis und Holocaustleugner beschränkt gewesen. Eine solche Diskursverschiebung könnte – sollte sie sich weiter fortsetzen und dauerhaft Bestand erhalten – auch eine grundsätzliche Nivellierung des politischen Elements in der Auseinandersetzung mit der und um die NS-Geschichte bedeuten, in deren Folge Begriffe beliebig und kontextlos verwendet, Interessen negiert und Fakten für die Erinnerung gänzlich sekundär werden würden. Die Schuldfrage wäre damit freilich elegant entsorgt, da ihr, ohne sie überhaupt zu thematisieren, bereits a priori jegliche Relevanz abgesprochen werden würde.

---

europäisch ausgerichteten Vertreibungszentrums hingewiesen, die wesentlich von deutschen und polnischen Intellektuellen ausgegangen ist und sich laut ersten Verlautbarungen um eine kritische Rekontextualisierung des Themas bemühen will. Da es jedoch aufgrund des Kostenaspekts unwahrscheinlich sein dürfte, dass konkurrierend mehrere solcher Zentren entstehen, bleibt abzuwarten, welchen Verlauf die weitere Diskussion nehmen wird. Ob allerdings eine tatsächlich europäische und kritische Aufarbeitung des Themas unter Einbeziehung der Vertriebenenverbände überhaupt möglich ist, muss stark bezweifelt werden.

25 Vgl. Theodor W. Adorno: Was bedeutet: Aufarbeitung der Vergangenheit, in: ders.: Eingriffe. Neun kritische Modelle, Gesammelte Schriften Bd. 10. 2, Frankfurt a. M. 1997, S. 555.

26 Vgl. o. V.: Pawelka schlägt Lehrstuhl über Vertreibung vor, in: Deutscher Ostdienst v. 12. 5. 2000, S. 5.

Bedingungen für den Rechtsradikalismus in Ostdeutschland nach 1989

von Klaus Christoph

Wer die jüngeren Texte von Wolfgang Kreutzberger zum Rechtsextremismus zur Kenntnis nimmt, wird nicht nur sehr differenziert informiert, sondern auch vor dem möglichen Irrtum bewahrt, Ursprünge, Erscheinungsformen und Potenziale des zeitgenössischen Rechtsextremismus ließen sich auf bündige Formeln bringen. Das gilt auf besondere Weise für Ostdeutschland. Einen Fingerzeig darauf gibt der – ansonsten eher mit Vorsicht zu genießende – regelmäßige Verfassungsschutzbericht: In den letzten Jahren wurden in den neuen Bundesländern – bezogen auf den Bevölkerungsanteil – mehr als doppelt so viele Gewalttaten mit rechtsextremistischem Hintergrund registriert wie in den westlichen Bundesländern. Und: Etwa die Hälfte der gewaltbereiten (meist jugendlichen) Rechtsextremisten kommt aus dem Osten.[1] Unter methodologischen Gesichtspunkten heißt das: Was in Ostdeutschland an rechtsextremen Einstellungen und Verhaltensweisen feststellbar ist, muss im Kontext einer außergewöhnlichen historischen Konstellation reflektiert werden, in der Zeitgeschichtliches (insbesondere die Existenz zweier deutscher Staaten) sich auf eigentümliche, z. T. widersprüchliche Weise mit aktuellen Problemen des unter westdeutscher Anleitung stattfindenden Transformationsprozesses verschränkt. Das schließt historisch übergreifende, insbesondere an der Analyse des Nationalsozialismus geschulte Sichtweisen nicht aus, räumt ihnen aber keine prägorative Stellung ein.

Der Themenstellung entsprechend werde ich mich im Folgenden weniger mit den beobachtbaren Organisationsformen des Rechtsextremismus einschließlich der unterschiedlichen Näheverhältnisse

1 Vgl. Verfassungsschutzbericht 2001, Berlin 2002, S. 40 u. 46.

einzelner Gruppen zu den rechten Parteien beschäftigen, sondern vor allem mit den Bedingungen rechtsextremistischer Tendenzen und Potenziale in Ostdeutschland. Zu ihnen gehören nach der subjektiven Seite hin nicht nur Einstellungen und Bewusstseinslagen, die den bekannten Bestandteilen des rechtsextremen Einstellungssyndroms zuzurechnen sind, also Autoritarismus, Nationalismus und Fremdenfeindlichkeit sowie Antisemitismus und Pronazismus, der sich überwiegend als Verharmlosung des NS äußert und gelegentlich mit antikapitalistischen Tönen verbunden ist; zumindest mittelbare Bedeutung haben in diesem Kontext auch die allgemeinen politischen Grundorientierungen sowie Einschätzungen und Stimmungslagen insbesondere im Blick auf den Verlauf der Wiedervereinigung. Vor allem um diesen eher von Latenz bestimmten Wirkungszusammenhang geht es mir im Folgenden. Dabei stütze ich mich nicht zuletzt auf empirische Untersuchungen. Deren Fülle ist freilich kaum mehr zu übersehen – eine Auffälligkeit im Übrigen, die in gewisser Weise schon zum Thema gehört: Vor allem viele ostdeutsche Intellektuelle scheinen diese extensive Beforschung der »Eingeborenen von Neufünfland«[2] als Bestandteil jener »Überwältigung« zu erleben, die für sie den Transformationsprozess insgesamt ausmacht.

Wenn vom ostdeutschen Rechtsextremismus die Rede ist, fallen einem Bilder ein wie die aus Rostock und Hoyerswerda. Sie schockierten auch deshalb. weil kein Widerstand gegenüber den fremdenfeindlich-rassistischen Gewaltakten erkennbar war, ja die vorwiegend jugendlichen Täter von den ins Halbdunkel getauchten herumstehenden Erwachsenen eher noch ermuntert wurden. Auf ein ähnliches Zusammenwirken deuten die sogenannten »national befreiten Zonen« vor allem in ländlichen Regionen Brandenburgs und Mecklenburg-Vorpommerns hin, in denen junge Erwachsene faktisch die Macht ausüben, zumindest die Alltagkultur dominieren[3], was ohne Wegsehen, Stillhalten oder Unterstützung seitens der Erwachsenen (einschließlich der lokalen politischen Funktionsträger) kaum möglich wäre. Anders formuliert: Zu vermuten ist, dass jene

2 D. Mühlberg: Nachrichten über die kulturelle Verfassung der Ostdeutschen, in: Berliner Debatte. Initial 2/99, S. 9.

3 Vgl. z. B. R. Stöss: Rechtsextremismus im vereinten Deutschland, in: Deutschland-Archiv 2/00, S. 184.

Jugendlichen zu einem guten Teil nur agieren, was in den Köpfen vieler Erwachsener präsent ist.

Wenn man die vorliegenden, empirisch gewonnenen Untersuchungsergebnisse zum Rechtsradikalismus sehr grob sortiert und manche Skepsis gegenüber den methodischen, meist quantifizierenden Zugriffen beiseite lässt, können als verallgemeinerungsfähige Befunde u. a. festgehalten werden:

1. Nach den ost/west-vergleichenden Untersuchungen sind rechtsextremistische Einstellungen in den neuen Bundesländern verbreiteter als in den alten Bundesländern. Über ein mehr oder weniger geschlossenes rechtsextremistisches Weltbild sollen im Westen zwischen 10 und 15 % der Bevölkerung verfügen, im Osten zwischen 16 und 20 %. Isoliert man das Merkmal »Fremdenfeindlichkeit« mit seinen unterschiedlichen Varianten, ergeben sich höhere Werte, im Osten bis 40 %. Blickt man auf die Altergruppen, zeigt sich eine Auffälligkeit: Bei den westdeutschen Jugendlichen liegen die Werte z. T. erheblich unter dem Durchschnitt, während sie im Osten dem Durchschnitt entsprechen – mit Ausnahme des Merkmals »Gewaltbereitschaft«, die hier bei Jugendlichen offenbar stärker ausgeprägt ist als bei den Erwachsenen. Unter schichtspezifischen Gesichtspunkten liegen die Werte bei Arbeitslosen, Rentnern und Arbeitern über dem Durchschnittswert, im Osten wiederum mit einem Übergewicht.[4]

2. Diese Befunde entsprechen im Großen und Ganzen den nur auf Ostdeutschland bezogenen Untersuchungen. Ein Umstand ist hervorzuheben: Schon die ersten Untersuchungen nach dem Herbst '89 machten auf rechtsextremistische Einstellungen, insbesondere Fremdenfeindlichkeit, aufmerksam.[5] Das kann als Hinweis dafür genommen werden, dass rechtsextremistische Orientierungen auch schon zu

4 Vgl. R. Stöss/O. Niedermayer: Rechtsextremismus, politische Unzufriedenheit und das Wählerpotential rechtsextremer Parteien in der Bundesrepublik im Frühsommer 1998. Arbeitspapiere des Otto-Stammer-Zentrums, Berlin 1998; R. Stöss: a. a. O.; D. Sturzbecher/P. Dietrich: Jugendliche in Brandenburg – Signale einer unverstandenen Generation, in: Aus Politik und Zeitgeschichte B 2–3/93, S. 33–43.

5 A. Pfahl-Traughber: Rechtsextremismus in den neuen Bundesländern, in: Aus Politik und Zeitgeschichte B 3–4/92, S. 11–21.

DDR-Zeiten mehr oder weniger verbreitet waren. Als exemplarisch kann eine Studie gelten, die Anfang der 90er-Jahre in Sachsen und Sachsen-Anhalt durchgeführt wurde und sich auf Realschüler und Gymnasiasten der beiden letzten Klassen sowie auf Lehrlinge bezog. »Die Deutschen sind anderen Völkern grundsätzlich überlegen«, »Wir sollten darauf achten, dass wir das Deutsche rein halten und Völkervermischungen verhindern« oder »Juden lehne ich ab, sie passen nicht zu uns« oder »Der Nationalsozialismus hatte auch seine guten Seiten« erhielten hier eine klare Zustimmung von durchschnittlich 20 bis 30 % der Befragten. Etwa die Hälfte von ihnen waren der Meinung, dass es zu viele Ausländer in Deutschland gibt, und ein gutes Viertel stimmte der Meinung ausdrücklich nicht zu, dass es keine körperliche Gewalt gegen Personen geben darf. Die relativ höchsten Werte gab es durchweg bei den Lehrlingen, die niedrigsten bei den Gymnasiasten.[6]

3. Nimmt man das Wahlverhalten in den Blick, verweisen die Befunde auf – auch in den alten Ländern vorfindbare – Inkonsistenzen: Wer rechtsradikal orientiert ist, wählt nicht automatisch eine Rechtspartei[7] – von einigen Ausreißern abgesehen, z. B. der Landtagswahl in Sachsen-Anhalt von 1998, wo die DVU fast 13 % erhielt. Aufhorchen ließ dieses Ergebnis auch deshalb, weil 28 % der 18–24jährigen WählerInnen dieser Partei den Vorzug gaben.[8] Offenbar sind bei jenen, die zur Wendezeit noch Kinder waren, Inkonsistenzen am wenigsten ausgeprägt, was für die Zukunft heißen könnte, dass die, die über rechtsextreme Orientierungen verfügen, auch eher rechtsextrem wählen – soweit sie überhaupt zur Wahl gehen.

---

6 Vgl. H. Müller/W. Schubarth: Rechtsextremismus und aktuelle Befindlichkeiten von Jugendlichen in den neuen Bundesländern, in: Aus Politik und Zeitgeschichte B 92/38, S. 16 ff.; s. auch P. Förster/W. Friedrich: Politische Einstellungen und Grundpositionen Jugendlicher in Ostdeutschland, in: ebd., S. 4 ff. Zu ähnlichen Ergebnissen für Thüringen kommen eine knappes Jahrzehnt später M. Edinger/A. Hallermann: Rechte Jugendliche im Osten, in: Deutschland-Archiv 1/02, S. 51–59.

7 R. Stöss/O. Niedermayer: a. a. O.

8 E. Holtmann: Protestpartei am rechten Rand. Die DVU in der Wählerschaft Sachsen-Anhalts, Magdeburg 1998, S. 33.

Schließlich 4. Es gibt – soweit ich sehen kann – keinen empirisch wirklich gesicherten Nachweis dafür, dass sich das rechtsextremistische Potenzial in Ostdeutschland im zeitlichen Verlauf erheblich vergrößert hat. Allerdings gibt es verschiedene Einzelbefunde und Indizien, die für eine Zunahme sprechen. Zu berücksichtigen ist hier, dass die Untersuchungen zu einem Zeitpunkt einsetzten, als die Ostdeutschen bereits in die Transformationsprobleme verwickelt waren, die als Einfluss nehmende Größe von Bedeutung sein dürften.

In diesem Zusammenhang könnte von Bedeutung sein, dass die Zufriedenheit mit dem politischen System der BRD wie auch mit der marktwirtschaftlichen Ordnung in der ostdeutschen Bevölkerung in den letzten zehn Jahren rapide abgenommen hat. Nach den Intervall-Untersuchungen des Sozialwissenschaftlichen Forschungszentrums Brandenburg war es 1990 z. B. ca. 90 % der repräsentativ befragten Ostdeutschen »›wichtig‹ oder ›sehr wichtig‹, in einer demokratischen Gesellschaft mit einem pluralistischen Parteiensystem zu leben«, 1997 waren es noch rund 40 %. Ähnliche gravierende Abnahmen verzeichnen das Vertrauen in die Marktwirtschaft und die bundesrepublikanischen Institutionen, wobei das Bundesverfassungsgericht, die Polizei und die Bundeswehr noch am besten wegkommen.[9]

Nun verweist diese Tendenz nicht etwa auf einen direkten Weg in den Rechtsradikalismus. Festzuhalten ist in diesem Zusammenhang zweierlei. Erstens: Nach wie vor bejaht eine deutliche Mehrheit der ostdeutschen Bevölkerung die Demokratie. Auch wenn man in Rechnung stellt, dass sich formale Demokratiebejahung und rechtsradikale Orientierungen nicht unbedingt ausschließen, ist festzuhalten, dass diese Bejahung mit einer inhaltlichen Demokratiebestimmung verbunden ist, die zum Traditionsbestand des linken Selbstverständnisses gehört. Das gilt sowohl für den zentralen Wert »soziale Gerechtigkeit« wie auch dafür, dass diesem Wert ein höherer Rang eingeräumt wird als den liberalen Freiheitsrechten und zu seiner Verwirklichung ein starker, intervenierender Staat favorisiert wird.[10] Und zweitens:

---

9 Sozialreport 1997, hg. v. G. Winkler, Berlin 1997, S. 11 ff. u. S. 284 ff.

10 Einen Überblick gibt hier T. Gensicke: Auf dem Weg der Integration, in: Deutschland-Archiv 3/01, S. 398–410; vgl. auch D. Fuchs u. a.: Die Akzeptanz der Demokratie des vereinigten Deutschland, in: Aus Politik und Zeitgeschichte B 51/97, S. 3–11.

Nach wie vor gibt es nur eine kleine Minderheit, die gegenwärtig den »eigenen Lebensstandard« bzw. die »eigene wirtschaftliche Lage« als rundweg »schlecht« beurteilt.[11] D. h. jene relativ breitflächige Abwendung von der bundesrepublikanischen Realdemokratie (wie sie wahrgenommen wird) lässt sich zunächst einmal dahin gehend interpretieren, dass die eigenen Vorstellungen von Demokratie wie auch andere Hoffnungen, die mit der Wiedervereinigung verbunden waren, stark enttäuscht worden sind.

Hier ist an den realgeschichtlichen Hintergrund zu erinnern: die umfängliche Deindustrialisierung Ostdeutschlands und dessen vorrangige Nutzung als westdeutsches Absatzsatzgebiet für Waren und Dienstleistungen; die rigorose Privatisierungspolitik der Treuhand, die u. a. dazu führte, dass ca. 85 % der verkauften ostdeutschen Firmenvermögen in westdeutsche Hände wanderten; die mit all dem verbundene Massenarbeitslosigkeit (die bekanntlich doppelt so hoch ist wie in Westdeutschland) – eingedenk der im allgemeinen hohen sozialethischen Bewertung von Arbeit und der vormalig sozial übergreifenden Bedeutung der Arbeitsstätte für Betreuung der Kinder und Freizeit; weiterhin die oft beobachtbare westdeutsche Personaldominanz u. a. im Verwaltungsbereich bei gleichzeitiger beruflicher »Abwicklung« von weit über einer halben Million staatlicher Angestellter, darunter z. B. 70 % aller Fachschul- und Hochschullehrer; schließlich all jene Probleme, die sich aus der Durchsetzung des Grundsatzes »(Eigentums-) Rückgabe vor Entschädigung« für nicht wenige Ostdeutsche ergeben haben und die unterschiedlichen, sich nur sehr langsam den westdeutschen Verhältnissen annähernden Löhne und Gehälter usw.[12] Bei all dem scheint die Wahrnehmung eine zentrale Rolle zu spielen, dass im Zuge des Transformationsprozesses nicht nur die eigenen Berufsbiographien, sondern das ganze DDR-Leben eine fundamentale Abwertung erfahren haben. Dem entspricht, dass sich nach wie

---

11 Vgl. z. B. Sozialreport 1997, a. a. O., S. 24.

12 Vgl. W. Dümcke/F. Vilmar (Hg.): Kolonialisierung der DDR, Münster 1996. (Der Band enthält viel Material; die Kolonisalisierungs-These ist indessen kaum haltbar.)

vor die Mehrzahl der Ostdeutschen für »Bürger zweiter Klasse« hält.[13]

Bei dem Versuch, die politische Bedeutung jener Enttäuschungen und Herabsetzungsgefühle einzuschätzen, müssen weitere Umstände in Betracht gezogen werden. So scheint sich seit den späten 90er-Jahren in Ostdeutschland der Eindruck festzusetzen, dass es sich bei den ökonomischen Verwerfungen und ihren sozialen Folgen nicht um Übergangsprobleme handelt, sondern eher mit Verstetigungen und Verschlechterungen zu rechnen ist. In den Befragungen drückt sich das in den immer pessimistischer werdenden Zukunftserwartungen aus.[14] Offenbar ist das eine ganz realistische Einschätzung – wenn man z. B. die übereinstimmenden Aussagen von Wirtschaftsinstituten in Rechnung stellt, nach denen eine spürbare Verminderung des ökonomisch-sozialen West/Ost-Gefälles nicht nur ein starkes, sondern auch ein wesentlich größeres Wirtschaftswachstum im Osten als im Westen voraussetzt, und zwar über lange Zeiträume. Seit Mitte der 90er-Jahre trifft beides für den Osten nicht mehr zu, d. h. das Gefälle wird wieder größer. Damit ist ein anderes Problem verbunden. Die enormen Transferzahlungen, die in die neuen Bundesländer gehen (im knappen letzten Jahrzehnt durchschnittlich 140 Mrd. DM pro Jahr), dienen zum weit überwiegenden Teil der Aufrechterhaltung der sozialen Sicherungssysteme, d. h. der Osten hängt in einem zentralen Bereich weiterhin und auf nicht absehbare Zeit unmittelbar am westdeutschen Tropf.[15]

Ich vermute nun, dass aus den Herabsetzungsgefühlen und Abhängigkeiten starke Abgrenzungsbedürfnisse gegenüber »dem Westen«

---

13 Vgl. D. Walz/W. Brunner: Das Sein bestimmt das Bewusstsein, in: Aus Politik und Zeitgeschichte B 51/97; D. Pollak: Das Bedürfnis nach sozialer Anerkennung, in: Aus Politik und Zeitgeschichte B 13/97.

14 Sozialreport 1997, a. a. O., S. 11 ff.; T. Gensicke: Deutschland am Ausgang der neunziger Jahre, in: Deutschland-Archiv 1/98, S. 19 ff.; P. Förster: Junge Ostdeutsche heute: doppelt enttäuscht, in: Aus Politik und Zeitgeschichte B 15/03, S. 1.

15 U. Heilemann/H. Rappen: Sieben Jahre deutsche Einheit: Rückblick und Perspektiven in fiskalischer Sicht, in: Aus Politik und Zeitgeschichte B 40–41/97, S. 38 ff. Zur Finanzpolitik der Kohl-Regierung im Zusammenhang der Wiedervereinigung insgesamt vgl. R. Zohlenhöfer: Der lange Schatten der schönen Illusion: Finanzpolitik nach der deutschen Einheit, 1990–1998, in: LEVIATHAN 1/2000, S. 14–38.

entstanden sind, gleichzeitig aber am Verbindenden, am Gemeinsamen, und das heißt im Kern: am Deutschsein, festgehalten wird. Es bildet den positiven Referenzpunkt der eigenen Enttäuschungen und kann zugleich als ausschlaggebende Legitimation für die Inanspruchnahme westdeutscher Unterstützung gelten. Zu dieser widersprüchlichen Konstellation tritt die Fülle neuer Verhaltenszumutungen, insbesondere die rasche Ausdehnung der Konkurrenzmuster und die neuen Orientierungsanforderungen im öffentlich-institutionellen Bereich. All das dürfte eine Gemengelage schaffen, die einen starken Resonanzboden für Parolen abgibt, die nicht nur Homogenität einfordern und zugleich Ausgrenzungen vornehmen, sondern auch anfällig für einfache Schuldzuweisungen und Lösungsangebote machen.

Diese Deutung ist zwar durch ihren Gegenwartsbezug bestimmt, rechnet aber mit bestimmten sozialisatorischen Voraussetzungen, die auf die DDR-Zeit rückverweisen. Hier ist ein systemspezifisches Sozialisations-Defizit in den Blick zu nehmen, das mit der zentralen Legitimationsfigur des SED-Staates verknüpft ist: dem Antifaschismus »in den Farben der DDR«.

Er schloss eine strukturell defizitäre Auseinandersetzung mit dem Nationalsozialismus ein. Zu erinnern ist vor allem an zwei Punkte. Erstens: Die Errichtung des »ersten deutschen Arbeiter- und Bauernstaates« unter Führung der »Partei der Arbeiterklasse« war zwar mit einem weitaus konsequenteren Elitenaustausch als in der jungen Bundesrepublik verbunden, wurde aber, entsprechend der dogmatisierten marxistischen Geschichtsphilosophie, als Prozess vorgestellt, der nicht nur die antifaschistischen Kader als »Sieger der Geschichte« erscheinen ließ, sondern auch die »werktätige Bevölkerung« – die faktisch in ihrer Mehrheit (wie auch in der Alt-Bundesrepublik) in den Nationalsozialismus verstrickt war. Eine lebendige, nicht nur den Führungsanspruch der SED bestätigende Auseinandersetzung mit der jüngsten Vergangenheit fand allein deshalb nicht statt – und damit auch keine neue, demokratieförmige Erfahrungsbildung. So blieben auch die tradierten psychosozialen Dispositionen unbehelligt, d. h. die in vielem obrigkeitsstaatlich geprägten Denk- und Verhaltensgewohnheiten (die sich im Übrigen als durchaus systemfunktional erwiesen) wie auch die nicht weniger tief sitzenden, im Kern oft rassistisch motivierten Ressentiments gegenüber »dem Fremden«. Dem entspricht, dass die meisten Ausländer in der DDR, die einen Bevölkerungsanteil von 1 % nie wesentlich überstiegen, im Alltag zahlreichen Diskriminierungen ausgesetzt waren (übrigens auch von staatlicher Seite), nicht nur Afrikaner, sondern auch die als Arbeitskräfte angeheuerten Vietnamesen und Polen.[16] Völlig unberührt davon blieb der offiziell gefeierte »Proletarische Internationalismus«. Zweitens: Zum DDR-Antifaschismus gehörte eine stark selektive Wahrnehmung historischer Ereignisse. Was nur bedingt ins vorgestanzte Bild vom Charakter des Faschismus als von Kapitalinteressen herbeigeführte Diktatur und ihrer Überwindung durch die »siegreiche SU und die Partei der Arbeiterklasse« passte, wurde als Randphänomen der NS-Herrschaft vorgestellt – was insbesondere für den Rassismus und den Massenmord an den Juden galt; und was diesem Bild völlig zuwider lief, wurde verschwiegen – wie z. B. die Weiternutzung von einigen Konzentrationslagern, in denen in den ersten Nachkriegsjahren neben Nazis und willkürlich Festgenommenen auch eine große Zahl politisch unliebsamer Sozialisten und bürgerlicher Demokraten inhaftiert worden waren, von denen nicht wenige umgekommen sind. Dabei gewann dieser Umstand dadurch an Brisanz, dass Sachsenhausen und Buchenwald später als zentrale Gedenkstätten der DDR für die Opfer des Faschismus eingerichtet wurden, deren Besuch u. a. zu den schulischen Pflichtveranstaltungen gehörte. Eine Folge dieses Umgangs mit der Vergangenheit besteht darin, dass sich spätestens nach der »Wende« die Kritik an der antifaschistischen Geschichtsdarstellung – ihr wird insbesondere »Einseitigkeit« vorgeworfen – vor allem in der jüngeren Generation nicht selten mit einer Diskreditierung von antinationalsozialistischen Positionen überhaupt verbindet bzw. pronationalsozialistische Stellungnahmen eine Aufwertung erfahren. Das konnte in familienbezogenen Interviews gut illustriert werden.[17]

---

16 H. Soremsky: Vom solidarischen Internationalismus zum Rassismus? in: vorgänge 1/91, S. 81 ff.

17 S. Moller: Vielfache Vergangenheit. Öffentliche Erinnerungskultur und Familienerinnerungen an die NS-Zeit in Ostdeutschland, Diss., Fakultät für Geistes- und Sozialwissenschaften der Universität Hannover, Hannover 2002.

Offenbar waren solche Konstellationen schon vor der Wende wirksam. So wird in den zu DDR-Zeiten unter Verschluss gehaltenen, in den späten 80er-Jahren vom Leipziger Institut für Jugendforschung durchgeführten empirischen Untersuchungen nicht nur von einer stark nachlassenden Identifizierung mit dem DDR-Sozialismus berichtet, sondern auch von Abweichungen vom offiziellen Deutungsmuster des Nationalsozialismus mit der Tendenz seiner Verharmlosung (Hitler habe Arbeitslosigkeit beseitigt, viel aufgebaut usw.).[18] Auch ist zu vermuten, dass die sich in den frühen 80er-Jahren formierende Skinheadszene zwar für ein – wie auch immer diffuses – Aufbegehren stand, in seiner fremdenfeindlich-rassistischen Orientierung jedoch auch auf die Defizite und Widersprüche im offiziellen Umgang mit dem Nationalsozialismus rückverwies. Entsprechend hilflos und borniert klangen die Erklärungen der »staatlichen Organe« für die sich ausbreitenden Gewalttätigkeiten: Es handle sich um ein – im Wesentlichen vom Westen implementiertes – Rowdytum. Einen Höhepunkt bildete der Überfall auf die Berliner Zionskirche im Herbst 1987, bei dem unter »Sieg heil«- und »Juden raus«-Rufen die anwesenden Jugendlichen zusammengeschlagen wurden. Solche Vorfälle gaben schließlich den Anlass für die Durchführung eines Forschungsprojekts der Sektion Kriminalistik der Humboldt-Universität, das sich auf die Akten von 50 Strafverfahren wegen rechtsextremer und fremdenfeindlicher Delikte stützte. Dass die Ergebnisse dieser Untersuchung (veröffentlicht erst Ende 1989) nur wenig Erhellendes zu Tage förderten, dürfte angesichts des Forschungssettings nicht überraschen. Aufschlussreich ist hingegen ein Hinweis, der sich aus der Aktenlage ergab und offenbar nicht als Aufdeckung einer generalisierbaren Selbsttäuschung gedacht war, nämlich dass die weit überwiegende Mehrheit der untersuchten Skinheads »in ihren Arbeitskollektiven als geachtete Mitglieder eingeschätzt wurden«[19].

---

18 W. Friedrich: Mentalitätswandlungen der Jugendlichen in der DDR, in: Aus Politik und Zeitgeschichte B 16–17/90, S. 25–37; W. Schubarth/T. Schmidt: »Sieger der Geschichte«. Verordneter Antifaschismus und die Folgen, in: K.-H. Heinemann/W. Schubarth (Hg.): Der antifaschistische Staat entlässt seine Kinder. Jugend und Rechtsradikalismus in Ostdeutschland, Köln 1992, S. 18 ff.

19 A. Pfahl-Traughber: a. a. O., S. 15; J. Danyel: Spätfolgen? Der ostdeutsche Rechtsextremismus als Hypothek der DDR-Vergangenheitspolitik und Erinnerungskultur (Vortrag), unveröff. Manuskript, o. O. 2000.

Sicher dürfte sein, dass der in der DDR institutionalisierte Antifaschismus kein »Bollwerk« gegen die Wiederkehr des Vergangenen gebildet hat. Und das zeigt sich eben nicht nur an den nationalsozialistischen Ideologiefragmenten und Gewaltbereitschaften der als eine Art Prolet-Arier schon zu DDR-Zeiten auftretenden Skinheads. »Bollwerk« hat in diesem Zusammenhang noch eine andere, grundlegende Bedeutung. Wenn die eigenen Verstrickungen in den Nationalsozialismus und die damit verknüpften Denk- und Verhaltensmuster zu keinem Zeitpunkt auch nur ansatzweise thematisiert worden sind[20] – auch nicht im Kontext von Generationskonflikten –, verweist das angesichts der vorangegangenen Katastrophe auf ein heimliches Einverständnis zwischen Herrschern und Beherrschten, und zwar – wie W. Engler das nennt – im Sinne eines Ablasshandels:[21] Die kommunistischen Kader, die den NS-Terror überlebt hatten, haben für die Sünden aller gebüßt. Und dieses Angebot wurde akzeptiert, nicht nur weil es entlastete, sondern weil die mit ihm verbundene Akzeptanz des absoluten Herrschaftsanspruchs zugleich als Opfer gelten konnte, das mit der vergangenen Schuld verrechnet werden konnte.

Dass das Eigene auch fernerhin dem Reflexiven fremd blieb, hat sicherlich mit diesem intimen Einverständnis zu tun. Es mag im Lauf der Zeit an Bindekraft eingebüßt haben, aber als kittendes Moment hatte es weiterhin Bestand. Vor allem aber enthielt jene lähmende Akzeptanz ein strukturelles Muster von Zweiteiligkeit, das zunehmend die politisch-kulturelle Realität der DDR formte. So hatte es der DDR-Bürger mit einer prinzipiell vorinterpretierten Realität zu tun. Sie bescherte ihm nicht nur die Daueraufforderung, sich aktiv zu beteiligen und dabei passiv zu bleiben, sie bescherte ihm auch im Alltag eine Menge an Diskrepanzerfahrungen. Gleichwohl musste er mit dieser Realität zurechtkommen, was dadurch erleichtert wurde, dass zu ihr ja auch fürsorgerische und fördernde, wenngleich mit Loyalitätsansprüchen verbundene Identifikationsangebote gehörten. Weil Widerspruchserfahrungen gewissermaßen

20 Absolute Ausnahmen bilden literarische Verarbeitungen, z. B. Christa Wolfs »Kindheitsmuster«.

21 W. Engler: Die Furien der Erinnerung, in: Kommune 11/92, S. 8.

nicht vorgesehen waren und es für öffentliche Dispute so gut wie keinen Platz gab, bildete sich auf der Grundlage des vorhin bezeichneten Grundmusters mehr und mehr eine Art Zwei-Welten-Realität heraus: eine offizielle, in der der Kanon (überwiegend) dogmatisierter Wissensbestände, spezifischer Sprachregelungen und symbolischer Gesten Gültigkeit hatte, und eine private, in der nach den tradierten Mustern Beziehungen, Konfliktaustragungen, Erziehung, Geselligkeit und Nachbarschaftshilfe funktionierten – nicht zu vergessen den Austausch von Erfahrungen, Sichtweisen und Ressentiments, die den offiziellen Realitätsinterpretationen widersprachen, was auch und im besonderen im Blick auf den Nationalsozialismus, den Einmarsch der Roten Armee und die ersten Nachkriegsjahre gilt.

Offenbar haben diese auf Dauer gestellten, weitgehend nebeneinander herlaufenden Wirklichkeitserfahrungen zu jener Mischung von Anpassung, Absicherung, Konformität sowie passivem Widerstand und Schimpferei geführt, die im DDR-Alltag auffällig oft zu beobachten war.[22] Vor allem aber ging diese spezifische Zwei-Welten-Erfahrung offensichtlich mit einer starken Entpolitisierungstendenz einher. Sie drückt sich heute nicht einfach in Enttäuschungen über den Verlauf der Wiedervereinigung aus, wohl aber in deren Ausmaß und den damit verbundenen Verarbeitungsformen, die sich bei nicht wenigen auf den schlichten Spruch reduzieren lassen: »Wir sind wieder einmal die Dummen!«. Das mag keine durchweg unrealistische Einschätzung sein, hilft aber auch nicht weiter. Der anfängliche »Helmut-Helmut«-Enthusiasmus weist in die gleiche Richtung. Er stellt sich als bloße Kehrseite der gleichen Medaille heraus.

Worauf ich im Blick auf die DDR hinweisen wollte, sind bestimmte politisch-kulturelle Prägungen, die in der DDR tradiert worden sind und für unser Thema mittelbar oder unmittelbar von Bedeutung sind. Meine sich hier anschließende These ist, dass die mit der »Wende« von 1989 gegebene Chance, diese Prägungen wenigstens ansatzweise zu erschüttern, (wiederum) weitgehend ungenutzt geblieben ist. Die den Vereinigungsprozess im Ökonomischen wie im Politischen dominierende alte Bundesrepublik hat kaum Raum

22 In literarischer Form wird diese »Kultur« ironisch-eindrucksvoll beschrieben von T. Rosenlöcher: Ostgezeter. Beiträge zur Schimpfkultur, Frankfurt/M. 1997.

gelassen für neue, demokratisch inspirierte Lernprozesse, zu denen – wie auch einige westdeutsche Beobachter meinen – die Chance gehört hätte, »eigene Fehler zu machen und diese Fehler in einer eigenen Öffentlichkeit zu kritisieren«.[23] Wie risikoreich und beschwerlich ein solcher Prozess auch gewesen wäre – weil er ausgeblieben ist, wiederholt sich das alte Spiel: Weil die Verantwortung nur bei den Machern liegt, wird ihnen auch die Verantwortung für das zugeschrieben, was geschieht, insbesondere für das, was schief gegangen oder nur schwer zu bewältigen ist.

Ich komme zum Schluss: Was sich seit geraumer Zeit in Ostdeutschland als Vergemeinschaftungsprozess vollzieht, ist in hohem Maße von Abgrenzungstendenzen gegenüber der alten Bundesrepublik bestimmt. Ostdeutsche Kulturwissenschaftler sprechen davon, dass die DDR als eigene Erzähl- und Erinnerungsgemeinschaft eigentlich erst jetzt entstanden ist, mit einem Gemeinschaftsgefühl, von dem die vormaligen DDR-Oberen nur hätten träumen können[24] – und hinzufügen ist: mit einem Gemeinschaftsgefühl, das erneut verriegelt, was an historischen Kontinuitäten hätte aufgebrochen werden müssen. Hieran hat die westdeutsche Politik sicherlich einen nicht ganz unerheblichen Anteil, indem sie frühzeitig unrealistische Erwartungen vieler Ostdeutscher – wohl auch aus wahlstrategischen Gründen – eher forciert als gedämpft hat (»blühende Landschaften«) und eigenständige Formen der politischen Willens- und Erfahrungsbildung mehr blockiert als gefördert hat.[25]

---

23 J. Habermas, in: Der Tagesspiegel vom 18. 6. 1999, S. 27.

24 Vgl. T. Dürr: Abschied von der »inneren Einheit«, in: Blätter für dt. u. internat. Politik 11/96, S. 1353; T. Ahbe: Ostalgie als Selbstermächtigung, in: Deutschland-Archiv 4/97, S. 614 ff.

25 Beispiele hierfür sind: der Umgang mit dem von Zentralen Runden Tisch erarbeiteten Verfassungsentwurf, der in der erstmals frei gewählten Volkskammer – offenbar auf Druck der Bonner Regierung – nicht einmal diskutiert wurde, und zwar gegen den Willen insbesondere vieler Bürgerrechtler; die politisch durchsichtige Verzögerung der Wahl eines Rundfunkbeauftragten in der Volkskammer zugunsten des westdeutschen Rundfunkmannes Rudolf Mühlfenzel (CSU) (vgl. die ausführliche Darstellung dieses Falls von L. v. Törne: Mühlfenzel oder Eine westdeutsche Medienpolitik nach Gutsherrenart, in: W. Dümcke/F. Vilmar (Hg.): a. a. O., S. 299 ff.); der Umgang mit der PDS vor allem auf Bundesebene, und zwar insofern, als er mehr von Ausgrenzung als von politischer Auseinandersetzung bestimmt wurde – was deshalb ins Gewicht fällt, weil die PDS faktisch für viele

Die Frage ist heute, welche Wirkungen die sich verstetigende wirtschaftlich-soziale Abhängigkeit von Westdeutschland auf die oben genannte Tendenz haben wird, insbesondere unter den Bedingungen des sich anbahnenden »Umbaus/Abbaus« des Sozialstaates. Dass in diesem Zusammenhang auch die Transferleistungen zur Debatte stehen werden, ist sehr wahrscheinlich. Stellt man gleichzeitig die politisch-kulturellen Vorprägungen mit ihren besonderen Anfälligkeiten für autoritäre Lösungen und fremdenfeindliche Parolen in Rechnung wie auch die Enttäuschungsreaktionen auf den Vereinigungsprozess, so ist, vorsichtig formuliert, nicht zu erwarten, dass rechtsextremen Orientierungen in Ostdeutschland das Wasser abgegraben wird.

Ostdeutsche das (einzige organisierte) Sprachrohr im Bundestag war.

Schill in Niedersachsen

Charakter und Chancen einer städtischen Protestpartei von rechts im Flächenstaat

von Wolfgang Kreutzberger

I. Der Referenzrahmen: Rechtsextremismus und Rechtspopulismus

Im Jahr 2002/03 fand unter meiner Leitung am Institut für Politische Wissenschaft der Universität Hannover ein Forschungslernseminar statt, das die Partei Rechtsstaatlicher Offensive (P. R.O., vulgo »Schill-Partei«) – genauer: ihre Etablierung in Niedersachsen und ihre Beteiligung an der niedersächsischen Landtagswahl vom 2. Februar 2003 – zum Gegenstand hatte.

Selbst ein relativ bescheiden angelegtes Projekt wie das hier vorgestellte steht von vornherein im Spannungsfeld der Zuschreibungen und Deutungen, die im öffentlichen Diskurs mit dem Begriff »Rechtsextremismus« verbunden sind. Mitglieder und Funktionäre der Partei wissen um diese Etikettierung und äußern das Bedürfnis, ihre Partei nicht als »rechtsextrem« oder auch nur »rechts« verortet zu sehen, weil dies ihre Attraktivität in Richtung der »Mitte« vermindert und gerade die Elemente anzieht, deren erklärt antidemokratische Gesinnung und politischer Stammbaum für die Integration der Partei im bestehenden System abträglich sind. Zwischen den etablierten Parteien und in der weiteren Öffentlichkeit wird über die demokratische Legitimität der »Schill-Partei« und damit über die richtige Form des Umgangs mit ihr und ihren Repräsentanten – vom Kontaktverbot bis zum Koalitionsangebot – nach Maßgabe ihrer angenommenen oder bestrittenen »extremistischen« Qualität debattiert, mit Ergebnissen, die – vorhersehbar – mit der eigenen ideologischen und programmatischen Nähe zu dieser Partei zu tun haben. Der Charakter des Begriffs »Rechtsextremismus« als ein politischer Kampfbegriff ist dem gemäß oft genug konstatiert worden.[1]

Der »Schill-Partei« widerfährt damit nur, was im Nachkriegs-(West)deutschland noch jeder parteipolitischen Formation »rechts von der Union« zur schier unüberwindlichen Hürde geriet: dass sie – in Erinnerung an den »Sündenfall« des deutschen Konservatismus zum Ende der ersten deutschen Demokratie und eingedenk der monströsen Folgen, die das zeitigte – in die Nähe des Nationalsozialismus und seiner ideologischen Botschaften gerückt wird, zumal, wenn sie ihrem Politikstil nach plebejische Elemente gegen die repräsentativ-parteienstaatliche Abschottung des Politikprozesses in Stellung bringt. Dieser der politischen Kultur der Bundesrepublik eingeschriebene Reflex kann eine erhöhte Sensibilität für Gefährdungen der Demokratie erzeugen und ist insofern positiv zu bewerten. Freilich trägt er auch die Gefahr einer alarmistischen Fehleinschätzung gegebener Größenordnungen und einer Fixierung auf die eigenen nationalstaatlichen Gegebenheiten in sich. Denn im europäischen Kontext ist evident, dass vergleichbare ideologische und programmatische Positionen seit langem unter Mitgliedern selbst der konservativen »Parteifamilie« verbreitet sind und darüber hinaus in vielen europäischen Staaten Parteien einer weit radikaleren Rechten relativ erfolgreich existieren, ohne dass dies bislang zum Zusammenbruch der dortigen demokratischen Systeme geführt hätte. Subtilere Folgen dieses Mitspielens von Parteien des rechten Rands in der zugelassenen Parteienkonkurrenz sind damit freilich nicht ausgeschlossen, so die zwiespältigen Wirkungen von Versuchen

1 Dass »Rechtsextremismus« bzw. »Rechtsradikalismus« daneben als wissenschaftliche Kategorie in inzwischen unzähligen Abhandlungen fungiert, steht dem nicht entgegen. Allerdings ist ihre wissenschaftliche Tauglichkeit ebenfalls umstritten, weil keine Einigkeit über die damit angesprochenen Phänomene, die für ihren Zusammenhang und ihre Ursachen relevanten Theorien, die für ihre Erforschung angemessenen Methoden und damit auch disziplinären Zugänge besteht. Zur Kritik dieses Zustands, an dem die vorliegende Abhandlung nichts ändert, vgl. u. a. *Ulrich Druve (unter Mitarbeit von Susanne Mantino)*, »Rechtsextremismus«. Methodologische Bemerkungen zu einem politikwissenschaftlichen Begriff, in: *Jürgen W. Falter et al.* (Hrsg.), Rechtsextremismus. Ergebnisse und Perspektiven der Forschung, Opladen 1996, 66–80.

zur »Integration« ihres Wählerpotentials durch »Enttabuisierung« ihrer Themen im öffentlichen Diskurs oder die Veränderung von Programmatik und Politik der etablierten Parteien. Man darf annehmen, dass – in Anlehnung an Adornos bekanntes Diktum – solche Verschiebungen und Umbauten *in* der Demokratie in Zukunft relevanter sein werden als eine in Parteien sich manifestierende Opposition *gegen* die demokratische Ordnung.

Auch vor diesem Hintergrund verliert die auf totalitarismustheoretischen Annahmen basierende Vorstellung des »Rechtsextremismus« als einer auf Systemumsturz zielenden organisierten Bewegung an Bedeutung, weil ihr der neofaschistische Prototyp einer solchen Bewegung mehr und mehr abhanden kommt, was auch nicht durch die Anstrengung von Verbotsverfahren vor dem Bundesverfassungsgericht kompensiert werden kann. Als viel wichtiger könnten sich wissenschaftliche Bemühungen um eine differenzierte, gegenstandsnahe Beobachtung erweisen, die jene politischen Spielräume für newcomer vom rechten Rand auszuloten vermag, wo eine legitime Kritik am Politikstil und Politikangebot des herrschenden Parteiensystems sich mit Elementen aus dem rechten ideologischen Haushalt verbindet. Diese können im Politikangebot einer neuen Partei offene Flanken zur radikalen Rechten aufweisen, aber auch in der Empfänglichkeit von Wählern mit bisher anderweitiger parteipolitischer Einbindung oder Wahlentscheidung. In einer solchen Perspektive sind sowohl die ideologischen und tagespolitischen »Meinungsbrücken« von der »extremen« Rechten zur selbsternannten politischen »Mitte« relevant als auch die Politisierung und organisatorische Einbindung von Potentialen in der Bevölkerung, die einer Verinnerlichung der Demokratie entgegenstehen, auch wenn sie als scheinbar private und vorpolitisch-subkulturelle Einstellungsmuster und Persönlichkeitsmerkmale mit den bisherigen politischen Optionen durchaus vereinbar schienen. Wenn also in der Diskussion um den »Rechtsextremismus« die einen darin nur eine politisch und justiziell zu kontrollierende Randerscheinung ohne gesellschaftliche Tiefenwirkung sehen, betrachten andere ihn als Seismograf für gesamtgesellschaftliche Verlagerungen nach rechts, die aus der Interaktion zwischen den Diskursen der Eliten und in den Strukturen der Gesellschaft erzeugten, verinnerlichten und kommunikativ verbreiteten sozialpsychologischen Dispositionen wie Intoleranz, Vorurteilsbereitschaft, Konformismus, Xenophobie u. a. m. resultieren.

Die Literatur zur »Schill-Partei«[2] hat sich bisher im wesentlichen mit dem Politikstil und der ideologischen Orientierung dieser Partei beschäftigt, weniger mit den psychischen und ideologischen Dispositionen ihrer Wähler und Mitglieder. Joachim Raschke und Ralf Tils fassen die ersten beiden Aspekte in der Kennzeichnung »rechtskonservativer Populismus« zusammen, wobei sie dem Populismus der Partei an sich keine ideologische Qualität beimessen, d. h. ihn lediglich als eine »Politik-, Interaktions- und Kommunikationsform« betrachten, deren Elemente (sie nennen »charismatische Führerschaft«, Antithese von »einfaches Volk vs. Establishment«, »radikale Simplifizierung«, »Vorurteils- und Angstpolitik«) grundsätzlich – wenngleich nicht in der massiven Ausprägung der »Schill-Partei« – über die gesamte Spannbreite des ideologischen Spektrums anzutreffen seien. Die quasi sekundäre ideologisch-programmatische Ausgestaltung dieses

2 An wissenschaftlichen Veröffentlichungen sind in erster Linie zu nennen: *Patrick Horst*, Die Hamburger Bürgerschaftswahl vom 23. September 2001: Schillerndem »Bürger-Block« gelingt der Machtwechsel, in: ZParl H. 1/2002, 43–63; *Markus Klein* und *Dieter Ohr*, Der Richter und sein Wähler. Ronald B. Schills Wahlerfolg als Beispiel extremer Personalisierung in der Politik, in: ZParl H. 1/2002, 64–79; *Joachim Raschke* und *Ralf Tils*, CSU des Nordens. Profil und bundespolitische Perspektiven der Schill-Partei, in: Blätter für deutsche und internationale Politik H. 1/2002, 49–56; *Michael Schmitz*, Die »Schill-Partei« – Analyse der »Partei Rechtstaatlicher Offensive« nach den Landtagswahlen in Hamburg und Sachsen-Anhalt (=Arbeitspapier, hrsg. von der Konrad-Adenauer-Stiftung e. V., St. Augustin, April 2002); *Frank Decker*, Perspektiven des Rechtspopulismus in Deutschland am Beispiel der »Schill-Partei«, in: APuZG B21/2002, 22–31; *Thorsten Faas* und *Andreas M. Wüst*, The Schill Factor in the Hamburg State Election 2001, in: German Politics, No. 2/2002, 1–20; (von Journalisten, aber in guter Kenntnis der einschlägigen wissenschaftlichen Diskussion): *Marco Carini* und *Andreas Speit*, Ronald Schill. Der Rechtssprecher. Hamburg 2002. – Verschiedene Berichte bzw. Dokumentationen zum Aufbau der P. R.O. in Bezirken Nordrhein-Westfalens aus perteiinterner Perspektive hat *Detlef Münch*, Vorsitzender der Partei im OV Dortmund, 2002/2003 in seinem Synergen-Verlag herausgegeben. Die rechtskonservative und rechtsextreme Interessenlage an der Entwicklung der »Schill-Partei« bekunden *Carl Gustav Ströhm*, Ronald Schill – alles über ihn und seine Freunde, hrsg. von den Deutschen Konservativen, Hamburg 2002 und das Buch des CDU-Mitglieds *Holger Stürenburg*, Ronald B. Schill. Der Eisbrecher?!, Köln 2002 (im Europa-Vorn-Verlag des notorischen Rechtsextremisten Manfred Rouhs).

Populismus nach rechts sehen sie in der Übernahme rechtskonservativer, in sich noch nicht verfassungswidriger Forderungen, wie sie auch bei der CSU anzutreffen seien: der Ruf nach dem starken, autoritär durchgreifenden Staat, die Hervorhebung des Gemeinwohls gegenüber Partikularinteressen, das Eintreten für den Erhalt einer traditionellen Wertgebundenheit der Gesellschaft.[3]

Dem gegenüber weist Frank Decker[4] darauf hin, dass Populismus heute fast ausschließlich im rechten ideologischen Spektrum beheimatet sei und dies nicht ohne Grund, weil bestimmte ideologische Prämissen den agitatorischen Politikstil anleiteten und Verbindungslinien und Affinitäten zwischen diesen ideologischen Grundannahmen und dem rechten politischen Denken bestünden. Die bei Raschke und Tils genannten Kennzeichen des populistischen Politikstils ergänzt Decker um die Elemente »Rückgriff auf common sense Argumente« des privaten Bereichs in der Gestaltung öffentlicher Angelegenheiten, die mit der Simplifizierung von Sachverhalten einhergehende »Vorliebe für radikale Lösungen«, »Verschwörungstheorien und das Denken in Feindbildern«, »Provokation und Tabubruch« zur Festigung der eigenen Außenseiterstellung in einem Verschwörungs- und Verfolgungszusammenhang, »Verwendung von biologistischen und Gewaltmetaphern«, die das Soziale naturalisieren und die politische Auseinandersetzung zum »Kampf ums Dasein« mutieren lassen. In diesen (und den bei Raschke und Tils genannten) Elementen sieht Decker eine »Radikalisierung der Argumentation« angelegt, die beim harmlosen Appell an die Privatmoral beginnt, um diese dann bei menschenfeindlicher Hetze definitiv hinter sich zu lassen. Er sieht dies im Zusammenhang mit den ideologischen Grundannahmen des »neuen Rechtspopulismus«, denen er eine tiefgreifende Zwiespältigkeit und Unentschiedenheit attestiert: für die Partei ein Vorzug, wenn es gilt, den Bürger als Individuum jenseits seiner partikularen Interessen anzusprechen; ein Nachteil, wenn sich die mobilisierten Affekte verbrauchen und der Parteienwettbewerb dauerhaft eine höhere organisatorische wie programmatische Kohärenz erfordert.

---

3 Vgl. *Raschke, Tils*, Der Richter und sein Wähler, 52–54

4 *Frank Decker*, Rechtspopulismus. Ein neuer Parteientyp in den westlichen Demokratien, in: Gegenwartskunde H. 3/2001, 293–305, hier insbes. 295 ff, 300 ff.

Das Besondere des Populismus sieht Decker darin begründet, dass er das Grundproblem aller, auch der im demokratischen Spektrum verbleibenden Ideologien, den »Dualismus von individueller Freiheit und gemeinschaftlicher Einbindung«, in zugespitzt dichothomischer Weise politisch umzusetzen sucht: indem er auf der einen Seite den liberalen Bürger als selbstbestimmtes Wirtschaftssubjekt und politisches Individuum anspricht und hofiert, auf der anderen Seite die damit zwangsläufig gegebene ökonomische, soziale und kulturelle Differenzierung und Pluralisierung durch eine umso stärkere Betonung kollektiver Bindungen, traditioneller Werte und rigider Eingriffsmöglichkeiten der Staatsgewalt zu kontrollieren und zu unterdrücken sucht, die mit der Zentralität eines angeblichen Volkswillens gegen partikulare Ansprüche von Individuen und Minderheiten gerechtfertigt werden.

Der Rechtspopulismus der hier beschriebenen Art trifft auf eine gesellschaftliche Lagerung, wo Individualisierungsansprüche mit tiefen Verunsicherungen zusammentreffen, die aus Modernisierungsschüben und -brüchen entstehen, wie sie gegenwärtig mit den Formeln vom »Übergang in die nachindustrielle Gesellschaft«, »Funktionswandel des Nationalstaats in Zeiten der Globalisierung«, »Krise des Sozialstaats«, »Kampf der Kulturen« u. a. m. vieldeutig umschrieben werden. In dieser Situation präsentieren sich rechtspopulistische Parteien nicht schlankweg als Gegner des Modernisierungsprozesses, so wenig wie das die Nationalsozialisten im Bereich von Ökonomie und Technik getan haben. Vielmehr setzen sie an den Ungleichzeitigkeiten an, die in der Gemengelage und den Veränderungen wirtschaftlicher »Sachzwänge«, sozialstruktureller Machtverteilungen und sozialmoralischer wie kultureller Bewußtseinsformen auftreten. Es sind vor allem die Konsequenzen von Modernisierungsprozessen – so vor allem Gefühle des Zurückbleibens und subjektiver Benachteiligung (relative Deprivation), Zukunftsängste und Sorgen um den Verlust von Identität in einer an selbstverständlichen Bindungen ärmer werdenden Gesellschaft –, die von rechtspopulistischen Parteien aufgegriffen werden. Dies allerdings in rein negatorischer Form, die zwangsläufig zu Radikalisierungen tendieren:

- Die Kritik an den gemeinschaftsschädlichen Konsum- und Gewinninteressen, die mit der befürworteten Entfesselung des Marktes notwendig verbunden sind, wird projiziert auf »Kriminelle und Sozialschmarotzer«.
- Der Mangel an selbstverantwortlichem Handlungsspielraum oder die damit verbundenen Risiken werden vermeintlich allmächtigen Manipulateuren in Politik und Medien zugeschrieben, die sich im Kartell gegen das, »was das Volk denkt«, verschworen haben.
- Die Sorgen vor Abstieg und Statusverlust werden nicht interessenpolitisch ausformuliert (was nicht hindert, dass sich rechtspopulistische Parteien zum Sachwalter sehr spezifischer mittelständischer Interessen machen), sondern gegen »Nichtzugehörige« ausgespielt, die sich den postulierten, homogen gedachten Normen der nationalen »Leitkultur« nicht anpassen.
- Der Appell an Affekte und Vorurteile, an Freund-Feind-Dichothomien, an Konformität mit vorgegeben Regeln, an die Bereitschaft zur Akzeptanz autoritärer Regulierung von Konflikten erklärt politisches Kompromisslertum als ehrenrührig und Fundamentalopposition zur Pflicht.

Bei allen Unterschieden gegenüber dem überkommenen Rechtsextremismus, die in der prinzipiellen Akzeptanz der Grundnormen einer freiheitlichen demokratischen Ordnung liegen, gibt es dennoch eine gewichtige Schnittmenge in dem Versprechen, die als nationale Kultur- und Interessengemeinschaft angesprochenen Staatsbürger vor den als bedrohlich wahrgenommenen gesellschaftlichen Veränderungen zu schützen. »Ideologische Grauzonen«, die zwischen dem rechten Flügel des demokratiekonformen, pragmatischen Konservatismus und der prinzipiell demokratiefeindlichen Rechten bestehen, sind nicht deshalb irrelevant, weil in der politischen Normalität dennoch reinliche Scheidungen zwischen den Organisationsformen der »Mitte« und einem Lager verschiedenster »Extremisten« bestehen. Ihre Gestalt und tektonischen Verlagerungen im Zeitverlauf werden im wesentlichen durch die Entwicklung der gesamtgesellschaftlichen Machtlagen, der politischen Kultur und Mentalitäten bestimmt. Einem Konservatismus an der Macht – und werde er auch durch eine machtopportunistische Linke repräsentiert – können in Zeiten der

Krise, des von ihm nicht zu beherrschenden oder zu legitimierenden gesellschaftlichen Umbruchs und der mentalen Verunsicherungen gerade seine »Mäßigung« und sein inkrementalistischer Politikstil zum wahlstrategischen Verhängnis werden. Es hängt in hohem Umfang von den einzelnen nationalstaatlichen Traditionen ab, ob der von politischen Unternehmern (»charismatischen Führern«) dagegen mobilisierte Protest sich als grundsätzliche »Systemopposition« formiert oder im populistischen Aufschrei sich das Entréebillet zur Machtteilhabe im Rahmen demokratischer Spielregeln zu erkaufen sucht – was im Fall des Erfolgs auf Dauer die Abnutzung des Charismas und der politikinadäquaten Sofort- und Maximalforderungen beinhaltet, aber nicht ausschließt, dass eine solche Partei beim politischen agenda setting und darauf folgenden Umbauten der Gesellschaft in einer autoritären Richtung zumindest teilweise erfolgreich ist. Ihre politische Enteignung mag dann einhergehen mit der Infiltration des etablierten Parteiensystems durch das brisante Gemisch aus autoritärem Sicherheitsdenken und ethnokratischer Ausschließungswut, das die Anhänger rechtspopulistischer Parteien, so vermutlich auch die der »Schill-Partei«, antreibt. Die Stimmung der politischen Entfremdung von den viel versprechenden und wenig haltenden »Staatsparteien« und damit die Haltung des Protests mag auch nach einem Verschwinden des populistischen Agitators und damit einer spezifischen politischen Interaktions-, Organisations- und Kommunikationsform anhalten, ebenso wie die ideologischen und psychologischen Einstellungen von Wählern und Mitgliedern seiner Partei, denen er seinen momentanen Erfolg verdankt hat. Aus dieser Erwartung heraus findet sich im Untertitel dieser Abhandlung für ihren Gegenstand die zur Vorsicht anhaltende Formulierung: »Protestpartei von rechts«, weil schon beim Aufbau des niedersächsischen Landesverbandes der »Schill-Partei« offenkundig wurde, dass ihr das Attribut »populistisch« eher in Spurenelementen denn in voller Virulenz anhaftete.

II. Ursprung und Anlage des Projekts

Den Anstoß für ein Forschungslernseminar in Gestalt eines Projekts zur Untersuchung des niedersächsischen Landesverbandes der

»Partei Rechtsstaatlicher Offensive« (im weiteren: P.R.O.) gab der überraschende und in der Geschichte der Bundesrepublik einmalige Erfolg dieser Partei bei der Wahl zur Hamburger Bürgerschaft am 23.09.2001 und die sich unmittelbar darauf anschließenden Spekulationen und Aktivitäten zur Ausbreitung der Partei in weitere Bundesländer. Das Projekt sollte nicht nur den Werdegang der niedersächsischen Partei verfolgen, sondern auch den in der punktuell einsetzenden, inzwischen nahezu wieder erstorbenen Literatur zur P.R.O. (vgl. Anm. 2) entwickelten Hypothesen zum Charakter und den Aussichten der Partei durch eigenständige Forschung am niedersächsischen Beispiel nachgehen. Der beschränkte Rahmen für dieses Unternehmen – 7 TeilnehmerInnen, knappe finanzielle Ressourcen, ein Semester aktiver Beschäftigung mit dem Thema (ein propädeutisches Vorlaufsemester zur Einführung in die relevante Parteienforschung nicht gerechnet) –, gebot von vornherein, die Untersuchung auf »Lotungen« zu beschränken, die mit den vorhandenen, auch methodologischen Kapazitäten bewältigt werden konnten. Dazu gehörten das Studium der Presse und der öffentlichen Bekundungen der Partei, der Besuch von Parteitagen und Wahlkampfveranstaltungen, Interviews mit führenden Politikern der Partei, schriftliche Befragungen von KandidatInnen und Mitgliedern, Auswertung parteiinternen Materials und die Analyse der Wahlergebnisse für die Partei in Niedersachsen.

Die mit dem Forschungslernseminar verbundenen Absichten wurden nicht dadurch obsolet, dass die Ergebnisse der Bundestagswahlen vom 22.09.2002 (0,9 % der Zweitstimmen) und der am selben Tag abgehaltenen Landtagswahlen in Mecklenburg-Vorpommern (1,7 %) für die Partei und ihre bundesweiten Aussichten extrem enttäuschend ausgefallen waren. Das konnte, so kurz nach den ersten Schritten der Partei über Hamburg hinaus, noch einmaligen Bedingungen zugerechnet werden. Offenkundig war die Kanzlerkandidatur von Stoiber in der Union den Erfolgschancen einer »CSU des Nordens« (als die Schill seine Partei etablieren wollte) bei der Bundestagswahl nicht eben günstig, und der der SPD im Osten bei dieser Wahl zugute gekommene »Flut- und Friedensbonus« hatte auch die gleichzeitig stattfindende Landtagswahl in Mecklenburg-Vorpommern beeinflusst. Umso mehr konnte man erwarten, dass die niedersächsische

Landtagswahl vom 2.02.2003 und die am selben Tag in Hessen stattfindende Wahl zur besonderen Anstrengung eines take-offs genutzt werden würden, da viele Parteimitglieder darin eine »letzte Chance« für das Überleben der Partei sahen. Zu den Fragen, denen sich die Projektgruppe stellen musste, gehörte also vorrangig, ob die Bedingungen des Hamburger Erfolgs, auf die im folgenden Abschnitt näher eingegangen wird, auf landespolitischer Ebene strategisch reproduzierbar sein würden:

- die Bündelung der Parteibotschaft in einem durchschlagenden, die Befindlichkeit relevanter Bevölkerungsschichten ansprechenden Thema;
- seine symbolische Repräsentation in einer geeigneten Führungsfigur;
- die hohe öffentliche Aufmerksamkeit für beides, die mangelnde finanzielle Ressourcen auszugleichen vermochte;
- eine dem Zweck der Wahlkampfführung immerhin rudimentär genügende Parteiorganisation und personelle Kompetenz;
- schließlich eine Parteienkonstellation, die es der P. R.O. erlauben würde, den Wählern eine Erweiterung des bürgerlichen Lagers nach rechts mit Zustimmung der CDU bei gleichzeitiger Abgrenzung von der extremen Rechten als plausibel erscheinen zu lassen.

Die Anlage und eine erste Auswertung der Projektergebnisse werden im vorliegenden Text skizziert. Die genauere Vorstellung der Ergebnisse des Projekts und ihre Bewertung übernimmt in eigener Verantwortung, jedoch in Auseinandersetzung mit den übrigen TeilnehmerInnen des Projekts einer der Seminarteilnehmer, der dies zum Gegenstand seiner Magisterarbeit gemacht hat. [5]

5 Die Magisterarbeit von *Alexander Remmel* wird voraussichtlich im Herbst 2003 vorliegen und in der einen oder anderen Form der Öffentlichkeit, auch dem Landesvorstand der P. R.O. (und über ihn deren Mitgliedern) zugänglich gemacht werden. Den anderen Mitgliedern der Projektgruppe danke ich an dieser Stelle für ihre engagierte Mitarbeit, die gemeinsames Tun zu einer Freude machte.

III. Hamburg – singulär oder exportträchtig?

Der Hamburger Erfolg

Die offiziell unter dem Namen »Partei Rechtsstaatlicher Offensive« firmierende Partei des Amtsrichters Ronald Barnabas Schill trat 14 Monate nach dem Gründungsakt zur Hamburger Bürgerschaftswahl vom 23. 09. 01 unter dem Familiennamen ihres Gründers und Vorsitzenden an (»Schill-Partei«). Dies war in der Geschichte der deutschen Parteien ebenso ein Novum wie das Ergebnis der Wahl, die der Partei bei ihrem ersten Auftreten auf den Stimmzetteln ein Ergebnis von nahe 20 % der Stimmen einbrachte. Für die weitere Zukunft der Partei und ihre Chancen außerhalb Hamburgs warf dieser Erfolg zugleich die Frage auf, ob die dort gegebenen Bedingungen in strategischer Absicht reproduzierbar waren und als Folie für den Erfolg der Partei im Parteienwettbewerb anderer Bundesländer, mithin auch in Niedersachsen dienen konnten. Oder ob sie im Kontrast umso schärfer generelle Schwierigkeiten für newcomer von rechts im Parteiensystem der Bundesrepublik beleuchten.

Über die allgemeinen und die spezifisch hamburgischen Bedingungen des Schill-Erfolgs gibt es kaum Kontroversen:

Es besteht allgemein eine Disposition wachsender Teile der Wählerschaft, in den verteilungs- und wertbezogenen Konflikten die vom bestehenden Parteiensystem vorgegebenen Linien zu verlassen und insbesondere im Fall einer »Überdehnung des Parteienstaats« durch politische Immobiltiät und Vetternwirtschaft Wahlenthaltung zu üben oder die Stimme Protestparteien zu geben. Das hat in Hamburg seit den Wahlen von 1993 Tradition, in die Schill nach dem Scheitern der STATT-Partei[6] eintreten konnte, obgleich die ehemaligen Wähler

6 Die STATT-Partei wurde am 30. 06. 93 in Hamburg als lokale Wählervereinigung gegründet und erzielte nur wenige Monate nach der Gründung 5,6 % der Wählerstimmen bei der Hamburger Bürgerschaftswahl. Sie zog als bürgerliche Spielart des Protests den bessergebildeten, gutsituierten und parteipolitisch wenig gebundenen Teil eines größeren Protestpotentials an und nahm mit der Parole »Bürgerverantwortung statt Parteienmacht«, mit ihrer Weigerung zur Entwicklung politischer Sachprogramme zugunsten eines »aufrichtigen und am Gemeinwohl orientierten Handelns« sowie mit der Propagierung des Expertentums kennzeichnende Merkmale der P. R.O. vorweg. Vgl. *Uwe Andersen, Wichard Woyke* (Hrsg.), Handwörterbuch des politischen Systems der Bundesrepublik

der STATT-Partei als einer ausgesprochen »bürgerlichen Protestpartei« und eines »illegitimen Abkömmlings der CDU« (Ole von Beust) nur teilweise zur P. R.O. wechselten, sondern eher zur CDU oder F.D.P. zurückkehrten. Neu war, dass Schill verschiedene Protest-Segmente in einer Sammlungsbewegung zusammenführen konnte und damit der sich bereits seit längerem in der Wählerstimmung abzeichnenden Bewegung nach rechts zum politischen Durchbruch verhelfen konnte mit dem Effekt des Endes der jahrzehntelangen sozialdemokratischen Hegemonie in der Führung der Stadt.[7]

Vor allem die Wähler mit geringer Parteiidentifikation waren für einen auf Personalisierung und Polarisierung setzenden Ein-Themen-Wahlkampf aufgeschlossen.[8] Da Schill, wie die Wanderungsbilanzen zeigen, unter den bisherigen Nichtwählern wie unter den früheren Wählern anderer Parteien vor allem die älteren Alterskohorten anzusprechen vermochte, bleibt fraglich, ob die Wahl der »Schill-Partei« den Beginn einer längerfristigen Identifikation mit der P. R.O. und damit der Stabilisierung der Partei darstellen kann. Die Fixierung der Medien wie der Wähler auf die Person Schills[9] und seine monomanische Thematisierung der »inneren Sicherheit« unter Vernachlässigung aller anderen, längerfristig politisch relevanteren Programmperspektiven bilden eine prekäre Basis für die Fortsetzung seines parteipolitischen Projekts. Dies gilt selbst bei einer auch nur annähernden Erfüllung seiner irreal anmutenden Wahlversprechen (z. B. Halbierung der Kriminalität innerhalb von 100 Tagen), weil die von ihm reklamierte Mission von den nur momentan Mobilisierten als »erledigt« angesehen werden oder dem »Bürgerblock« insgesamt gutgeschrieben werden könnte.

Deutschland. 4. völlig überarb. und aktualisierte Auflage, Bonn 2000, 555 f. und *Decker*, Perspektiven des Rechtspopulismus, 26.

7 Während noch 1993 dramatische Verluste der SPD von nahe 8 % durch Gewinne in ähnlicher Höhe seitens der Grünen/GAL aufgefangen werden konnten, verlor die SPD 1997 bei Stagnieren der Grünen weitere 4 %, womit der Stimmenanteil beider Parteien gerade einmal die 50 %-Marke erreichte, nach 55 % im Jahr 1991. Die REP bzw. DVU gewannen 1993 bzw. 1997 jeweils nahe 5 % der Stimmen. Insgesamt erreichten 1993 und 1997 die »nichtetablierten Parteien« jeweils über 15 % der Stimmen.

8 *Klein, Ohr*, Der Richter und sein Wähler, 75 ff.

9 *Klein, Ohr*, Der Richter und sein Wähler, 66 ff., 73 ff.

Schill griff mit der monopolartigen Besetzung des absolut vorherrschenden Themas der Kriminalität und »inneren Sicherheit« nicht nur einen schon 1997 eminent wirksamen Faktor bei der Abwanderung von der seit 44 Jahren regierenden SPD auf.[10] Er sprach damit neben den Ressentiments nationalkonservativer bürgerlicher Schichten gegenüber den »gefährlichen Klassen« vor allem auch die Zukunfts- und Statusängste der sich von der rot-grünen Stadtregierung benachteiligt Fühlenden in den Quartieren der unteren Mittelschicht und Unterschicht an.[11] Diesen (überwiegend männlichen) Wählern bot sein populistischer Politikstil – Polarisierung und Provokation, Affekt gegen »Bonzen und Intellektuelle«, Beschwörung des »Volkswillens«, Präsentation von Sündenböcken und Simplifizierung komplexer Sachverhalte – die Chance der Kompensation für Ohnmachtsgefühle, Wut und Ressentiments. Ohne massive Anhaltspunkte in der Realität haben populistische Polarisierungen allerdings nur geringe Chancen zu politischer Ausbeutung. Bei allen Schill nachgewiesenen Verzerrungen und Übertreibungen der Situation in der »Hauptstadt des Verbrechens« (Schill) bietet der Stadtstaat als Mikrokosmos und Katalysator genügend, stellenweise hochdosiertes Anschauungs- und Erfahrungsmaterial für alle möglichen Ängste, die sich im Kriminalitätsthema symbolisch verdichten lassen. Das wird durch die Beobachtung unterstrichen, dass sich keine Korrelation zwischen dem realen Umfang von kriminellen Vorkommnissen in den jeweiligen Wahlbezirken und dem Anteil der dortigen Schill-Wähler herstellen lässt, wohl aber zwischen Armut, baulicher Verdichtung und überproportionaler Zustimmung zur »Schill-Partei«[12]. Schills Thematisierung von »law and order« und seine in den Wahlveranstaltungen mehr noch als in den programmatischen Aussagen zu

10 *Wolfgang Brunner, Dieter* Walz, Die Hamburger Bürgerschaftswahl vom 21. September 1997: SPD verliert, Voscherau tritt ab, Rot-Grün koaliert, in: ZParl, H. 2/1998, 275–289; *Klein, Ohr*, Der Richter und sein Wähler, 70 f.; *Harald Bergsdorf*, Gegner oder Partner? Schill als Problem der Volksparteien, in: Die Neue Gesellschaft/Frankfurter Hefte 49/2002, 160–164, hier 161.; *Raschke, Tils*, CSU des Nordens, 49.

11 Zur Sozialstruktur der Schill-Wähler vgl. *Klein, Ohr*, Der Richter und sein Wähler, 71 ff.; *Schmitz*, Die »Schill-Partei«, 16 ff.; *Carini, Speit*, Ronald Schill, 92 ff.

12 *Faas, Wüst*, The Schill Factor, 10

Tage tretende »eindeutig zweideutige« Wortwahl bedienten nicht nur verbreitete autoritäre Vorstellungen von Staat und Gesellschaft, sondern unterschwellig – in Verbindung mit der Sozialstaats- und Asylproblematik – auch rassistische und rechtsextreme Dispositionen, trotz all seiner formellen Distanzierungen von Fremdenfeindlichkeit, Nationalismus, NS-Nostalgie und vorhandenen rechtsextremen Parteien.[13]

Das Auftreten Schills bot den Wählern die Chance, einer notorisch in der Minderheitsposition gefangenen CDU zur Regierungsübernahme zu verhelfen, zumal ihr bundespolitische Faktoren zu diesem Zeitpunkt kaum zu Hilfe kamen und ihr von den Wählern wahrgenommenes Kompetenzprofil, abgesehen von dem bereits durch Schill besetzten Terrain der Kriminalitäts- und Verkehrspolitik, sich nicht vorteilhaft von dem der regierenden Sozialdemokratie unterschied. Die CDU begünstigte dieses Wählerkalkül – und damit die Chancen Schills – selbst in dem Maß, wie sie die für Schill wachsenden Umfragewerte zum Anlass nahm, ihre eigene Koalitionsbereitschaft mit der P. R.O. zunächst nicht grundsätzlich auszuschließen (Januar 2001), dann positiv zur Ermöglichung eines Machtwechsels für unabdingbar zu erklären (August 2001).[14] Sie verschaffte der P. R.O. damit – über die Person Schills hinaus – das Gütesiegel einer legitimen Rechtspartei (im doppelten Wortsinn), ungeachtet der möglichen und dann auch eingetretenen Folge erheblicher eigener Verluste (4,5 %).

Die Person Schills war für den Erfolg der Partei ganz entscheidend.[15] Das Hamburger Listenwahlrecht und die Überschaubarkeit des Wahlgebiets begünstigt die Konzentration auf den Spitzenkandidaten und rückt die Frage der Professionalität und Kompetenz der übrigen KandidatInnen der Partei eher in den Hintergrund; gleichwohl war die politische Erfahrung des aus CDU, F.D.P. und STATT-Partei zur P. R.O. übergelaufenen Personals für den Aufbau der Partei in Hamburg sicher nicht ohne Belang.[16] Abgesehen von

---

13 *Raschke, Tils*: CSU des Nordens, 50; *Carini, Speit*, Ronald Schill, 54 ff.

14 *Carini, Speit*, Ronald Schill, 88 ff.

15 Am eindeutigsten vertreten diese These *Faas, Wüst*, The Schill Factor, passim; S. 17: »... there is hardly any effect of the Schill party apart from the party leader, Schill«.

16 *Decker*, Perspektiven des Rechtspopulismus, 27 Anm. 14.

Schills persönlichen Qualitäten – Eloquenz und Telegenität – war es das über die Medien seit längerem bundesweit hergestellte Image als »Richter Gnadenlos«, das zu seinem politischen Charisma beitrug. Sie verschaffte ihm auf der einen Seite »Salonfähigkeit«, auf der anderen Seite den Ruf des von den Herrschenden und vom 1968er-»Gutmenschentum« Verfolgten. Für »Politikverdrossene« war es gerade seine vermeintliche fachliche Kompetenz[17], die sich in der erwiesenen Handlungsbereitschaft gegen alle »nicht rechtschaffenen« Bürger und Zuwanderer von blossem »Politikergeschwätz« abhob. Der leicht halbseidene Ruch, der ihn schon vor der Wahl umgab (elegante Kleidung, Partylöwe und Kontakte zu Figuren des Unterweltmilieus)[18] gehört dem gegenüber zu dem Gran an Exzentrik, das auf ihre Weise alle Führer des rechten Populismus in Europa aufmerksamkeitsfördernd und in Absetzung zum drögen Habitus der Berufspolitiker zu kultivieren wissen.

All dies wäre von minderem Belang gewesen, wenn Schill nicht erhebliche Unterstützung durch Teile des lokalen Monopols der Springer-Presse (insbesondere BILD und Die Welt) gehabt hätte, die ihn und sein Thema in der öffentlichen Aufmerksamkeit ständig und (für ihn positiv) dramatisierend präsent hielten. Denselben Effekt, wenn hier auch nicht notwendig in einer Disposition der LeserInnen zur Schill-Wahl mündend, hatten eher kritische Stimmen in der lokalen und überregionalen Presse.[19]

Anlauf zur Ausbreitung

Aus all dem geht hervor, dass der Hamburger Erfolg der P.R.O. außerordentlich günstigen sozialpsychologischen, sozialstrukturellen und akut-situativen Bedingungen geschuldet war. Jeder Versuch einer Ausweitung der Partei über Hamburg hinaus stand vor der Frage,

17 Dies trotz der Tatsache, dass die von Schill als Amtsrichter ausgesprochenen drakonischen Urteile zumeist in zweiter Instanz als rechtsfehlerhaft wieder kassiert würden (Beispiele bei *Carini, Speit*, Ronald Schill, *13 f.*, *18 f.*, 24 f.) und ein Verfahren gegen ihn wegen Rechtsbeugung nach Einschaltung des Bundesgerichtshofs nur mangels subjektiv nachweisbarem Vorsatz zum Freispruch führte; dies erst nach der Hamburger Wahl (ebd. 20 f., 28 ff.)

18 *Carini, Speit*: Ronald Schill, 125 ff.

19 *Klein, Ohr*, Der Richter und sein Wähler,73 ff.; *Horst*, Die Hamburger Bürgerschaftswahl, 52 f.; *Carini, Speit*, Ronald Schill, 64 ff.

welche vergleichbaren Bedingungen dort gegeben waren oder welcher zusätzlichen Voraussetzungen es bedurfte, um es dem Hamburger Erfolg auch nur annähernd gleich zu tun. Der außergewöhnliche Erfolg der P. R.O. in Hamburg legte der Hamburger Führung wie den enthusiatischen Beobachtern außerhalb Hamburgs dennoch ohne allzu großes Nachdenken nahe, eine Ausweitung der Partei über mehrere Bundesländer, womöglich im ganzen Bundesgebiet mit dem Schwung des eben errungenen Sieges zu versuchen, um endlich der lange ventilierten Vorstellung einer rechten Sammlungspartei zur Wirklichkeit zu verhelfen:

- durch die Mobilisierung von bisherigen Nichtwählern anhand griffiger, von den herrschenden Parteien vernachlässigter oder nach Meinung vieler Bürger inadäquat aufgegriffener politischer Themen, wie gerade in Hamburg mit den Themen Kriminalität, Einwanderung und Sozialsystem vorgeführt;
- durch das Angebot einer organisatorischen Alternative für die jeweiligen rechten Flügel in den etablierten bürgerlichen Parteien, also die Fortsetzung des lange ventilierten Projekts einer »vierten Partei« rechts von CDU, CSU und F. D.P.;
- und durch die Absorption des bisher auf die verschiedenen rechtsextremen Parteien (vor allem DVU und REP) verteilten Wählerpotentials.

Der Versuch dazu, der mit der Parteigründung in Sachsen-Anhalt im Februar 2002 und der Teilnahme an der dortigen Landtagswahl am 21. 04. 02 unternommen wurde, führte allerdings trotz scheinbar günstiger Ausgangslage nicht zu dem erhofften Ergebnis.[20] Weder die notorisch geringe Parteibindung der meisten WählerInnen in Ostdeutschland noch das erhebliche, 1998 von der DVU »aus dem Stand« aktivierte, Wählerpotential am rechten Rand noch die hohe Unzufriedenheit mit der SPD-geführten Regierung und die geringe Chance der CDU auf alleinige Regierungsübernahme vermochten der P. R.O. den Einzug in den Landtag zu sichern (4,5 % der Zweitstimmen). Darin offenbarte sich nicht nur die ideologisch-programmatische Unfähigkeit der Partei, bei den Wählern in Sachsen-Anhalt mit dem

20 Vgl. zum Parteiaufbau in Sachsen-Anhalt *Schmitz*, Die »Schill-Partei«, passim und *Carini*, *Speit*, Ronald Schill, 167 ff.

Thema der Kriminalität gegenüber dem als viel relevanter erachteten Thema »Wirtschaftslage und Arbeitslosigkeit« durchzukommen bzw. eine von CDU und F.D.P. deutlich unterschiedene Kompetenz zu gewinnen, auch wenn das Wahlkampfmotto »Sicherheit schafft Arbeit« und ein gegenüber dem Hamburger Programm deutlich um wirtschafts-, sozial- und bildungspolitische Aussagen erweitertes Wahlkampfprogramm diesen Sachverhalt verschleiern sollten. Es hätte der Partei auch Schwierigkeiten bereitet, ihr Lieblingsthema der »inneren Sicherheit« in dem von Schill vorgeführten weiten Panorama auszuspielen, ohne die in der Bevölkerung tabuisierte oder gar wohlwollend kommentierte politische und Gewaltkriminalität von rechts ebenfalls zur Sprache zu bringen. Indirekt, aber entgegen aller kritischen Absicht geschah dies freilich durch die im Wahlkampf verwendeten Flyer und Stellwände gegen den »Asylmissbrauch«.

Der relative, weil noch nicht einen finalen Rückschlag bedeutende Misserfolg hatte auch mit innerparteilichen Strukturdefekten zu tun, vor allem der Oktroyierung eines in Sachsen-Anhalt schlecht beleumundeten, als »Westimport« empfundenen Schill-Freundes (Ulrich Marseille) als Landesvorsitzenden des ersten außerhalb Hamburgs gegründeten Landesverbandes.[21] Ein Teil der »landesverwurzelten Schillianer« hatte sich dem bereits vorher durch die Gründung einer eigenen Organisation entzogen, die unter dem Namen »Rechtsstaatliche Bürger-Partei« ebenfalls zur Landtagswahl antrat, jedoch nur 0,1 % der Zweitstimmen errang.

Die Vorkommnisse in Sachsen-Anhalt offenbarten das Dilemma einer Partei lokalen Ursprungs, die eine weitere regionale Ausdehnung anstrebte und dabei auf die diversen »Initiativen für Schill« angewiesen war, deren Charakter, Zielsetzung und personelle Zusammensetzung je nach den örtlichen Verhältnissen differierte. Ihre Zusammenführung zu Orts-, Kreis- und schließlich Landesverbänden verlangte nach einer Anleitung, Steuerung und Kontrolle aus Hamburg, die

21 Ulrich Marseille wurde vorgeworfen, durch seine Kandidatur in erster Linie private Interessen als Unternehmer gegen das Land Sachsen-Anhalt auf politischem Wege durchsetzen zu wollen, nachdem er mit der Landesregierung in der sog. »Krankenhausaffaire« mehrere Prozesse um die nachträgliche Bewilligung von Fördermitteln des Landes austrug. Vgl. *Schmitz*, Die »Schill-Partei«, 27; *Carini, Speit*, 165

durch entsprechende Regelungen in der vorläufigen Satzung der Bundesorganisation gewährleistet werden sollten. Die Besetzung aller den Aufbau in anderen Bundesländern koordinierenden Positionen mit Vertretern aus der engeren Hamburger Landesführung[22] erzeugte jedoch schon im Keim künftige Konflikte, die aus den diskrepanten Interessen zwischen dem – in sich zudem keinesfalls homogenen – Hamburger Vorstand, den Mitwirkungswünschen der »treuen Schillianer draußen im Land« und den zur Partei stoßenden Politprofis anderer parteipolitischer Herkunft mit eigenen Profilierungswünschen resultieren mussten. Da die Bundespartei auch dank der weitgehend auf Hamburg beschränkten Aktivitäten Schills und des Scheiterns einer Satrapen-Regierung vor Ort nicht als zentrale Gründung mit einer vereinheitlichten Ideologie und Programmatik in die Welt trat, aber ebenso wenig das Produkt einer sozialen Bewegung mit einer auf deren Themen bezogenen, ausgearbeiteten, vom Mitgliederwillen getragenen Programmatik entstanden war, bestand die Gefahr ihres frühzeitigen Zerfalls in Klüngel, in denen persönliches Hick-Hack, »Querulantentum« (ein Lieblingswort Schills) und dubiose politische Herkünfte (auch aus der rechtsextremen Szene) eine Rolle spielten. Die Folge war, dass Organisations-, Satzungs- und Personalfragen bei der Gründung der Landesverbände zwangsläufig das Übergewicht vor jeder politisch-programmatischen Auseinandersetzung gewinnen mussten, deren Vermeidung ja selbst »Programm« des denunziatorischen Wahlkampfs in Hamburg gewesen war. Die Entwicklung in Niedersachsen bietet dafür beispielhaftes Anschauungsmaterial.[23]

22 *Schmitz*, Die »Schill-Partei«, 35 f., *Carini*, *Speit*, Ronald Schill, 161.
23 Die folgenden Ausführungen gründen sich auf Auswertungen der Presse, internen Schriftverkehr zwischen Mitgliedern und Funktionären der niedersächsischen Partei, Beobachtungen auf den Landesparteitagen vom 19. 10. 02 und 23. 11. 03 sowie Interviews mit führenden Mitgliedern der Partei. Wörtliche Zitate werden nur nachgewiesen, soweit sie öffentlichen Ursprungs sind, dem Verf. von den Autoren unmittelbar zugänglich gemacht wurden oder ihm gegenüber geäußert worden sind. Nähere Nachweise und herangezogene Quellen finden sich in der in Anm. 5 angekündigten ausführlichen Aufbereitung des Projekts.

IV. Auf dem Weg zu einem niedersächsischen Landesverband

Hauen und Stechen beim Graben der Startlöcher

Die ersten Aufnahmeersuchen als Mitglied der P. R.O. erreichten den Hamburger Landesverband schon im Vorfeld der Hamburger Wahl und erst recht in der Spanne vom September 2001 bis zum Jahreswechsel 2001/02. Viele der Ersuchen wurden in Hamburg dilatorisch behandelt, aus mehreren Gründen: Überforderung und Überlastung des Hamburger Stabs in der Angangsphase, sich überkreuzende Zuständigkeiten, Probleme bei der Überprüfung der Neuzugänge und schließlich der Wunsch, mit der Verzögerung des Aufbaus von Landesverbänden außerhalb Hamburgs das Heft so lange wie möglich selbst in der Hand zu behalten.

Das führte dann dazu, dass die Initiative für den Parteiaufbau im Lande, obgleich die formelle Zuständigkeit bei Hamburger Funktionären lag, von solchen Leuten in Niedersachsen ergriffen wurde, die bereits über politische oder anderweitige organisatorische Erfahrungen oder sonst über ein örtliches Renommee verfügten. Das waren z. B. in Peine der ehemalige Chef der Salzgitter AG, Hans-Joachim Selenz, der bei der Kommunalwahl im September 2001 als Oberbürgermeisterkandidat der F. D.P. in Salzgittter immerhin 17 % der Stimmen gewonnen hatte, oder der in der eben gegründeten Region Hannover nach der Kommunalwahl im Januar 2002 aus der CDU ausgetretene Neustädter Kriminalbeamte Dirk Salzmann. Beide verfügten aus privaten Mitteln oder über ihre Mitgliedschaft in der Regionsversammlung auch über gewisse finanzielle und organisatorische Ressourcen, da die Beiträge der Mitglieder mangels bestehender Gebietsverbände an die Hamburger Zentrale abgeführt werden mussten. Den relativ schnellen Mitgliederzuwachs in diesen Regionen (Hannover hatte Ende Januar ca. 30 Mitglieder, Mitte Juni bereits an die 200) nahmen diese Initiatoren zum Anlass, verstärkt auf die Gründung von Orts- und Kreisverbänden und damit den beschleunigten Aufbau eines Landesverbandes hinzuwirken, obgleich in vielen Fällen die satzungsmäßigen Voraussetzungen – Ladungsfristen, Beschlussfähigkeit, zureichende Zahl von Hamburg bestätigter

Mitglieder – nicht gegeben waren. Mitte des Jahres stand allein von 3 Ortsverbänden (Hannover, Garbsen und Oldenburg) fest, dass sie satzungsmäßig einwandfrei zustande gekommen waren.

In den Teilen Niedersachsens, die näher am Hamburger Epizentrum (Regierungsbezirk Lüneburg, Weser-Ems) lagen und die Mitte des Jahres immerhin wie die Region Hannover ca. 200 der über 800 Mitglieder in Niedersachsen stellten, überwog zunächst das Vertrauen in die Weisheit und die Zugänglichkeit der Hamburger Führung oder jedenfalls das Zutrauen, dass das Bekenntnis als »treuer Schillianer« einen Anspruch auf einen basisdemokratischen Aufbau der Partei in Niedersachsen wie im Bund begründen könne. Man vermisste hier vor allem die »politische Sacharbeit«, die es ermöglichen würde, auf dem platten Land Menschen für eine Mitgliedschaft in der Partei zu mobilisieren über den »harten, sauberen Weg des politischen Klinkenputzens« und damit längerfristig satzungskonforme und stabile Parteistrukturen aufzubauen. Allerdings kam es erst Ende Mai 2001 zu einem Treffen von Vertretern aus 13 niedersächsischen Wahlkreisen in Maschen, dem eine Woche später ein weiteres Treffen mit Vertretern aus fast der Hälfte der niedersächsischen Wahlkreise folgte. Die von diesem »Maschener Kreis« erhobenen Forderungen bezogen sich in erster Linie auf die Verbesserung der innerparteilichen Kommunikation (d. h. den Abbau der wahrgenommenen Monopolstellung des »Peiner Büros« um Selenz und dessen ausschließliche Zusammenarbeit mit den führenden Leuten im Regionsverband Hannover). Dies sollte u. a. mit Hilfe einer allen Mitgliedern zugänglichen Personal-, Informations- und Diskussionsbörse im Internet erreicht werden, auf der innerparteiliche Vorgänge ebenso verhandelt werden könnten wie die Ergebnisse von politikfeldbezogenen Arbeitskreisen nach dem Vorbild der Parteiorganisationen in Sachsen-Anhalt und Mecklenburg-Vorpommern. Mit dem aus diesen Prozessen bezogenen politischen Kapital sollten dann in den verschiedenen niedersächsischen Regierungsbezirken Informations- und Werbeveranstaltungen abgehalten werden. Alle diese Initiativen wurden im Zusammenwirken des von Hamburg bestellten Landeskoordinators Horst Köpken mit dem Beauftragten des örtlichen Landeskoordinators Selenz, Wolfgang Gemba, und ihrer Gefolgschaft in den

Regierungsbezirken Braunschweig und Hannover zum Erliegen gebracht.

Sehr früh also bildeten sich auf dem Weg zur geplanten Gründung eines Landesverbands in Niedersachsen zwei Fraktionen, die von unterschiedlichen strategischen und vielleicht auch demokratietheoretischen Vorstellungen geleitet wurden, zudem eine unterschiedliche Nähe zum Hamburger Landesvorstand aufwiesen. Auf der einen Seite diejenigen – vertreten vor allem in den Regierungsbezirken Braunschweig, Hannover und zunehmend Weser-Ems –, denen es auf den möglichst raschen Aufbau eines Organisationsgefüges ankam:

- als Barriere gegen Kompetenzchaos, Mitgliederschwund oder politische Verselbständigung von Mitgliedern;
- als Voraussetzung für die Teilnahme an den anstehenden Wahlen zum Bundestag im September 2002, zugleich gedacht als Anschub für die Landtagswahlen im Februar 2003;
- als Chance für ihren persönlichen politischen Aufstieg in der zu gründenden Landespartei und den eventuell erreichbaren parlamentarischen Positionen.

Sich selbst sahen die Vertreter dieser Linie als politische Realisten, die, mit allen Wassern der Parteiendemokratie gewaschen, den zumeist vorher nicht parteipolitisch aktiven Mitgliedern sagen mussten, »wo es lang geht«, und dabei auf »Idealisten« und Leute mit »hehren Grundsätzen« (hinsichtlich der Verfahrensabläufe) nur geringschätzig (»Selbsterfahrungsgruppe«) oder grimmig herabblicken konnten.

Auf der anderen Seite standen diejenigen (weitgehend konzentriert im Regierungsbezirk Lüneburg, vereinzelt auch in anderen Regionen), die mit der Parole »Wahrhaftigkeit – Information – Sacharbeit – Kommunikation – Integration« und der Hervorhebung des offiziellen Parteinamens »rechtsstaatliche Offensive« an Schills Beschwörung des »rechtschaffenen Bürgers« anzuknüpfen versuchten. Sie missbilligten den starken Einfluss, den abgehalfterte Politiker aus anderen Parteien (meist der CDU) im Landesverband gewonnen hatten und betrachteten ihr eigenes, zumeist erstmaliges Engagement in der Politik als Ausweis einer unverbildeten, nicht auf Filz und Machtgewinn gerichteten, sondern der Volkesstimme und den Volkesinteressen Ausdruck verleihenden Haltung und Legitimierung. Sie übersahen dabei, dass schon die Hamburger Strukturen reichlich einer autoritären »Demokratie von oben« glichen und dort wenig Neigung bestand, sich mit »Aufrührern und Querulanten« gegen die Politprofis im Lande Niedersachsen zu verbünden, selbst wenn man diese an der kurzen Leine zu halten versuchte. Von daher erstaunt es nicht, wenn sowohl von den »Basisdemokraten« wie von den »Regionsfürsten« immer wieder »Einmischungen« aus Hamburg beklagt wurden – etwa bei der Ein- und Absetzung von Koordinatoren oder der Annulierung von Organisationsgründungen und Parteitagen –, gleichzeitig aber der kommissarische Vorstand in Hamburg (selten wohl der eher desinteressierte Schill persönlich) bemüht wurden, wenn es galt, dem innerparteilichen Gegner ein Bein zu stellen. Reaktionen aus Hamburg blieben entweder gänzlich aus, waren sibyllinisch oder schienen mal der einen, mal der anderen Seite recht zu geben, so dass sich die niedersächsischen Kontrahenten je nach Lage der Dinge von Hamburg im Stich gelassen fühlen, sich auf Hamburg berufen oder den Einfluss Hamburgs beklagen konnten.

Der kritische Punkt: Antritt zur Bundestagswahl?

Ein Moment endgültiger Klärung im Verhältnis zwischen Bundesvorstand und den niedersächsischen Granden schien erreicht, als mit der Entscheidung über die Teilnahme an der Bundestagswahl fundamentale Kontroversen aufbrachen und damit auch die Machtfrage in der Bundesorganisation gestellt wurde. Diese Entscheidung sollte auf einem Bundesparteitag in Hamburg am 11.05.02 getroffen werden und war unter den Mitgliedern der Partei in Niedersachsen noch umstrittener als etwa unter denen in Mecklenburg-Vorpommmern, die ihre Landtagswahl zeitgleich mit der Bundestagswahl zu bestehen hatten, oder der Partei in Nordrhein-Westfalen, die als kräftig expandierender, inzwischen nach Hamburg zweitstärkster Landesverband in dieser Frage die Muskeln spielen lassen wollte. Eine Versammlung niedersächsischer Mitglieder in Hannover sprach sich am 29.04.2002 jedenfalls eindeutig dafür aus, mit der in Hamburg am 11.05. zu treffenden Entscheidung der Linie des Bundesvorsitzenden Schill zu folgen, der sich nach der Wahl in Sachsen-Anhalt verschiedentlich gegen eine Teilnahme an der Bundestagswahl ausgesprochen hatte;

wichtig sei vor allem, Schills »Amt und Person nicht zu schädigen«. In der organisatorisch besonders aktiven Gruppe um Selenz und Salzmann wurde dennoch die Tendenz, eine Entscheidung zugunsten der Teilnahme an der Bundestagswahl herbeizuführen, weiter verfolgt. Dies aus mehreren Gründen:

- Die Bundestagswahl konnte als Hebel dienen, den schleppenden Fortgang der Gründung des Landesverbandes zu beschleunigen.
- Damit zugleich durften die selbst designierten Interessenten an Führungspositionen im Landesverband und an parlamentarischen Mandaten hoffen, ihren vorhandenen Vorsprung an Informationen und Kontakten langfristig umzumünzen.
- Die Teilnahme an der Bundestagswahl konnte durch einen exemplarisch geführten Wahlkampf und ein womöglich günstiges Ergebnis (geredet wurde von einem Ergebnis zwischen 7 und 12 % der Stimmen) als Anschub für eine erfolgreich zu bestehende niedersächsische Landtagswahl genutzt werden.
- Die für die Teilnahme an der Bundestagswahl nützliche, wenn auch nicht unabdingbare frühzeitige Gründung eines niedersächsischen Landesverbandes konnte ebenso wie eine mögliche Wahlkampfkostenerstattung der desolaten finanziellen Situation der Partei im Lande abhelfen.

Spätestens, als nach dem Scheitern des Hamburger Bundesparteitags vom 11.05.02 wegen Beschlussunfähigkeit befürchtet werden konnte, die Hamburger Parteiführung werde den Wiederholungsparteitag so spät legen, dass eine Teilnahme an der Bundestagswahl schon aus logistischen Gründen obsolet werden würde, fanden sich die gleichgerichteten Kräfte aus Nordrhein-Westfalen, Mecklenburg-Vorpommern, Thüringen und Niedersachsen zusammen und brachten das in Gang, was von der Parteiführung parteiintern und der Presse gegenüber als »Umsturzversuch« charakterisiert wurde. Monate, bevor am 22.06.02 ein Wiederholungs-Parteitag in Hamburg stattfand und gegen das ausdrückliche Votum Ronald B. Schills unter maßgeblicher Mitwirkung der niedersächsischen Mitglieder die Teilnahme an der Bundestagswahl beschloss (weshalb Schill sie, in zynischer Antizipation, für einen erfolgreichen Ausgang der Wahl schon einmal besonders verantwortlich machte), kursierte in der Partei und bei »konspirativen Treffen« von Mitgliedern aus diesen Landesverbänden ein Positionspapier hinsichtlich der weiteren Strategie. An der Erstellung dieses »Masterplans« hatte dem Vernehmen nach auch der spätere Spitzenkandidat auf der niedersächsischen Landesliste der Partei zur Bundestagswahl und heutige erste stellvertretende Bundesvorsitzende, Klaus Veuskens (Hildesheimer Kaufmann und ehemaliges CDU-Mitglied) mitgewirkt. In ihm ging es, Presseberichten zufolge[24], um das Verhalten auf dem Parteitag, die Ersetzung eines Teils des Bundesvorstands, die Einrichtung eines Organisations- und Pressezentrums in Berlin und die Einsetzung eines unbezahlten Bundesgeschäftsführers in der Person von Hans-Joachim Selenz.

Instrumente und Argumente innerparteilicher Auseinandersetzung

Der »Maschener Kreis«, der auf all dies in einer an den Bundesvorstand gerichteten Anklageschrift Bezug genommen hatte, konnte mit dessen Reaktion auf die in der Presse lançierten Attacken auf den ersten Blick zufrieden sein. Denn Ende Mai wurde Selenz als örtlicher Landesbeauftragter abgesetzt, eine Woche später auch der Landeskoordinator Horst Köpken. Freilich erwies sich der Nachfolger von Köpken, der Hamburger Bürgerschaftsabgeordnete Bodo Theodor Adolphi vom Standpunkt des »Maschener Kreises« aus als kaum kooperativer: nicht nur wählte er als örtlichen Landesbeauftragten in der Nachfolge von Selenz dessen bisherigen Büroleiter Wolfgang Gemba, der für die organisatorische Aufbauarbeit, für die Mitgliederbetreuung und -verifizierung, für die Pressearbeit und für das Verfahren zur Erarbeitung des Landesparteiprogramms zuständig sein sollte. Adolphi ernannte darüber hinaus regionale Koordinatoren für die Regionen Hannover (Dirk Salzmann), Braunschweig (Reinhard Steinhoff, ebenfalls ein Mitarbeiter von Selenz), Weser-Ems (Hans Joachim Clavien, bis dahin eher um Ausgleich bemüht), Lüneburg (Boris Barkow, der den »Maschenern« vor die Nase gesetzt wurde). Damit blieb die vor dem Sturz von Selenz bestehende Führungscrew im wesentlichen unter sich. Ob es ernsthafte Versuche

24 U. a. *HAZ* 30. 05. 2002

gegeben hat, in den von Adolphi angeblich geführten »ausführlichen Sondierungsgesprächen« die »Maschener«, etwa in Gestalt ihres besonders regen und widerspenstigen Sprechers Lars Seemann (Buxtehude, als Kriminalbeamter in der »Schill-City« Hamburg-Wilhelmsburg tätig) integrativ in den weiteren Organisationsaufbau einzubeziehen, ist eher unwahrscheinlich: hatte sich dieser doch ausdrücklich dahin erklärt, kein Amt übernehmen zu wollen, um sich damit nicht dem Vorwurf der »Käuflichkeit« auszusetzen, den er selbst fleissig an das Verhalten anderer heftete. Im Licht der späteren Entwicklungen kann man seiner Einschätzung, die er in einem von ihm selbst parteiintern verbreiteten Brief vom 18.08.02 äußerte, allerdings kaum widersprechen: »Alle diese Herren sind regionale und landesweite Koordinatoren, gleichzeitig regionale und landesweite Wahlkampfkoordinatoren, gleichzeitig Spitzenkandidaten für den Bundestag, gleichzeitig z. T. in geschäftsführenden Vorständen und wollen nun auch noch den Landesvorstand besetzen. Das nächste ist nach der Bundestagswahl dann vermutlich ein Sitz im Landtag«.

Diese Einschätzung erfolgte,

- nachdem der kommissarische Bundesvorstand einen aus Hannover parallel zur Gründung des Regionsverbandes Hannover initiierten ersten Anlauf zu einem Gründungsparteitag 8. Juni 2002 aus Gründen der Form- und Fristgerechtigkeit ausgesetzt (und damit eine mögliche Wahl von Selenz zum Landesvorsitzenden verhindert) hatte;
- nachdem auf der Nominierungsversammlung für die Landesliste zur Bundestagswahl am 13.07.02 im wesentlichen die bisherige Achse Peine–Hannover zum Zuge gekommen war;
- und nachdem am 10. bzw. 17.08. ein weiterer Anlauf der Gründung des Landesverbandes teils wegen Beschlussunfähigkeit, teils wegen einer Nichtigkeitsverfügung des Bundesschiedsgerichts auf Grund individuell gestellter Anträge aus dem Umfeld des »Maschener Kreises« gescheitert war.

Wenn der inzwischen als Nachfolger Gembas eingesetzte örtliche Landesbeauftragte Salzmann unter diesen Umständen kundtat, die Partei sei »prächtig aufgestellt« und könne ein besonders gutes

Ergebnis bei der Bundestagswahl erwarten, dann war dies mindestens zu diesem Zeitpunkt eine Zweckbehauptung, die der ganzen Entwicklungsgeschichte des Landesverbandes Hohn sprach.

Letztlich war es nur ein Beschluss des Hamburger Bundesparteitags vom 22. 06., der wenige Tage darauf vom kommissarischen Bundesvorstands in Verfahrensrichtlinien umgesetzt wurde, der – auch oder vorwiegend zum Zweck einer besseren Wahlkampfführung – die Neu- bzw. Wiedergründung von Orts- und Kreisverbänden und die Bestätigung bereits gewählter Vorstände erleichterte. Damit sollte zugleich die Möglichkeit eröffnet werden, das fast zur Regel gewordene satzungswidrige Zustandekommen von Organisationseinheiten und deren Führung zu heilen. Nach einer Anlaufphase zur Umsetzung dieses Beschlusses war die Voraussetzung für einen satzungskonform zustande kommenden und beschlussfähigen Gründungsparteitag gegeben, der vom Hamburger kommissarischen Bundesvorstand zum 19. 10. 02 nach Hannover einberufen wurde. [25]

Vor und auf diesem Parteitag wurden die gegenseitigen Vorwürfe in verbal heftiger, z. T. bis an die Grenze physischer Auseinandersetzung führender Gegnerschaft vorgetragen.[26] Von seiten der Mitglieder des »Maschener Kreises«, der auf dem Gründungsparteitag ungefähr ein Drittel der etwa 250 anwesenden stimmberechtigten Mitglieder zählte, waren dies u. a.

- der Vorwurf durchgängig rechtswidriger Verfahren bei der Gründung von Parteigliederungen und der Einberufung und Durchführung von Parteitagen, folglich auch fehlende Legitimation in der Ausübung von Führungsämtern;
- der Vorwurf der politischen Beschädigung des Parteigründers und -führers Schill und generell des mangelnden Vertrauens in den kommissarischen Bundesvorstand in Hamburg;
- der Vorwurf rechtswidriger Manipulation der Landesliste zur Bundestagswahl;

25 Die Rechtsgültigkeit auch dieses Parteitags, seiner Tagesordnung und seines Verlaufs wurden, allerdings folgenlos, von Lars Seemann am 18. 11. 2002 vor dem kommissarischen Bundesschiedsgericht angefochten.

26 Die summarische Zusammenstellung erfolgt nach den im »Roten Dossier« (folgende Anmerkung) zusammengestellten Materialien und aufgrund der Protokollführung zum Gründungsparteitag des Landesverbandes am 19. 10. 2002

- der Vorwurf der Zweckentfremdung von Geldern der Schill-Fraktion in der Regionsversammlung Hannover für den Wahlkampf;
- der Vorwurf, basisdemokratische Initiativen in der Partei ständig zu behindern und durch Ämterhäufung, Kartellbildung und Monopolisierung von Informationen Newcomern und Dissidenten Mitwirkungsmöglichkeiten in der Organisation und der Programmarbeit verbaut zu haben.

Die andere Seite konterte mit Anwürfen, wonach Mitglieder des »Maschener Kreises«

- eine »Partei in der Partei« zu bilden versuchten, jedenfalls ein Klima permanenten Verdachts gegen verdiente Persönlichkeiten geschürt und durch ständige, an den politischen Notwendigkeiten vorbeigehende formalistische Kritik die Energien der Partei verschlissen hätten;
- sich zum Handlanger landesfremder, sprich Hamburger Interessen gemacht hätten;
- oder aber bewusst oder unbewusst im Dienst konkurrierender politischer Organisationen, womöglich gar rechtsradikaler Provenienz, gehandelt hätten.

Das Klima totaler Feindseligkeit, das sich zudem in wechselseitigen Anträgen auf Parteiausschluss vor dem kommissarischen Bundesvorstand niederschlug, kommt auch deutlich in den z. T. kolportierten, z. T. brieflich niedergelegten oder auf den Parteitagen geäußerten wechselseitigen Epitheta zum Ausdruck, wobei Lars Seemann, aus einer kohlhaasischen Position heraus, um einiges »deftiger« formulierte als seine im Besitz der Handlungsinstrumente befindlichen Gegner (die überliessen das Schimpfen weitgehend ihren Gefolgsleuten aus der zweiten oder dritten Reihe): »Schmiergeldpolitiker«, »moralische Korruption«, »mafiöses Vorgehen«, »willfähriges Stimmvieh«, »notorische Lügner« hier, »Verleumder«, »Querulanten«, »Spinner«, »Verhinderer«, »Spalter« und »Separatisten« dort.

Damit demonstrierte die niedersächsische Partei nicht nur die in Kleinparteien häufig anzutreffenden persönlichen Rivalitäten und Ränkespiele, sondern bewies darüber hinaus, dass das populistische Vokabular der Verdächtigung, der Verschwörungsvermutungen und der moralischen Abqualifikation auch innerhalb der Partei den politischen Stil bestimmte.

Dem Außenstehenden erscheint es allerdings zweifelsfrei, dass bei der Organisation der Landespartei vielfach nach »Gutsherrenart«, in eklatanter Missachtung vorher gesetzter Regeln, gehandelt wurde. Dies muss in einer Partei nicht überraschen, die sich die plebiszitäre Transformation des politischen Prozesses zum Ziel gesetzt hat und intermediäre Organisationen und deren formale Verfahren eher als lästiges Beiwerk der unmittelbaren Ansprache an den Bürger und das Wahlvolk betrachtet.

Die Gründung des Landesverbands

Die Gründung des niedersächsischen Landesverbandes der P.R.O. (»Schill-Niedersachsen«) fand schließlich am 19.10.02 im Haus des Bezirksverbands der hannoverschen Kleingärtner statt, wo mit Karl-Heinz Raedecker einer der beiden Vertreter der »Schill-Partei« in der Regionsversammlung als Präsident das Hausrecht ausübte. Er sowohl wie der auf dem Parteitag schließlich mit einer 2/3-Mehrheit zum Landesvorsitzenden gewählte Dirk Salzmann hatten ihr in den Kommunalwahlen 2001 für andere Gruppierungen (»Wir für Hannover«) bzw. Parteien (CDU) gewonnenes Mandat nach ihrem Übertritt in die P.R.O. behalten: Das sicherte der Partei über die dort gestellten Anträge – etwa zur geschlossenen Heimunterbringung für straffällige Jugendliche oder zur Beschränkung des Kindergeldbezugs auf deutsche Staatsangehörige – eine gewisse, allerdings sehr bescheidene Publizität. Den zu diesem Zeitpunkt noch wenig mit dem Innenleben der Partei vertrauten 4 anwesenden Mitglieder der Projektgruppe[27] (kurzfristig war eine Reporterin der NHP anwesend)

27 Von ihnen wurden 3 Protokolle zu Szenarium und Verlauf angefertigt, die – ebenso wie die 4 Protokolle der Parteitage am 23.11.02 – in je einem Protokoll integriert und, auch als »vertrauensbildende Maßnahme«, dem Landesvorsitzenden Dirk Salzmann zugestellt wurden. Im Gegenzug erhielt die Projektgruppe von ihm das sog. »Rote Dossier«, mit dem sein Gegenspieler Lars Seemann vor und während des Parteitags seine Vorwürfe zu untermauern versuchte. Lars Seemann seinerseits stellte dem Verf. einige Unterlagen zur Verfügung. Einige Zitate und Tatsachenbehauptungen des vorliegenden Textes bedienen sich dieser Informationen, soweit ihre Triftigkeit durch andere Belege untermauert oder zumindest plausibel gemacht wurde.

fielen einige Aspekte des Ablaufs des Parteitags auf:

- der sehr geringe Anteil weiblicher Mitglieder unter den ca. 250 Anwesenden (bei zu diesem Zeitpunkt ca. 850 Parteimitgliedern), von denen keines für Führungsämter kandidierte (vielleicht in Erinnerung an einen bei der Gründung des Ortsverbands Hannover im März 2002 gemachten Ausspruch des Landeskoordinators Adolphi: »Frauen im Vorstand sehen immer gut aus, Frauen sind die Blumen«.)
- ein prozentual recht hoher Anteil jüngerer Mitglieder bis Mitte 30 (etwa ein Drittel), was eher der Struktur der Schillwähler bei der Landtagswahl in Sachsen-Anhalt entsprach als der Schill-Wählerschaft in Hamburg – ein Grund des Fernbleibens Älterer mag in der beschwerlichen Anreise von außerhalb zu suchen sein;
- ein »habituell« durchaus gestreutes, zwischen kleinbürgerlich, yuppieesk und bürgerlich-honorig sich bewegendes Erscheinungsbild der TeilnehmerInnen;
- ein deutliches Hervortreten von Personen in polizei- oder polizeinahen Berufen unter den anwesenden Mitgliedern wie Kandidaten;
- ein geschäftsordnungsmäßig recht einseitiges und die Mitglieder bzw. Sympathisanten des »Maschener Kreises« benachteiligendes Verhalten des Versammlungsleiters Rolf Rutter, Präses des kommissarischen Hamburger Bundesvorstands und Mitglied der Hamburgischen Bürgerschaft;
- die starke Betonung der nun anstehenden Aufgabe der Integration und Überbrückung bestehender Gräben und der Wichtigkeit eines nach außen »geschlossenen Erscheinungsbildes« durch viele Redner;
- die wie selbstverständlich hingenommene, nicht weiter thematisierte Abwesenheit Schills entgegen anderslautender Ankündigungen und die hin und wieder hervorgehobene Wichtigkeit eines von Hamburg unabhängigen Verbandshandelns in Niedersachen;
- die immer wieder von der Versammlungsleitung angemahnte Ausklammerung programmatischer Bekundungen bei der Vorstellung der Kandidaten (»denn über die Ziele der Partei sind wir uns ja einig«);

- ausgesprochen rechtsextreme Bekundungen eines der Kandidaten für den Landesvorsitz, des Hildesheimers Viktor Kasper, der es immerhin (mangels Masse?) auf den 8. Platz der niedersächsischen Landesliste der Partei zur Bundestagswahl gebracht hatte; wohl eher der absehbaren Länge seines Vortrags wegen stieß er im Publikum auf Unruhe und Ablehnung (ein vereinzelter Ruf: »Nazis raus«), in einem Publikum, das andererseits eine Äußerung des Versammlungsleiters, man wolle es doch in der P. R.O. nicht mit »islamischer Buchführung« halten, durchaus goutierte;
- das fast völlige Fehlen einer Analyse der eben erst kläglich verlorenen Bundestagswahl bzw. der Folgerungen, die sich daraus für den anstehenden Landtagswahlkampf ergeben müssten (man sei halt von den Großparteien und die Konzentration der Medien auf diese erdrückt worden – würde das in Niedersachsen anders sein?);
- die Diskrepanz zwischen dem äußerlich »spontan« bis chaotisch anmutenden Kandidatenkarussell und der letztlich auf allen Positionen so durchgezogenen Personalvorstellungen, wie sie schon Anfang August 2002 von Lars Seemann als »Kartell« prognostiziert worden waren und wie sie sich in etwa auch schon in den Nominierungen zur Landesliste für die Bundestagswahl Mitte Juli 2002 niedergeschlagen hatten.

V. Spitzenkandidaten, Wahlkampfführung und Wahlergebnis der P.R.O. bei der Wahl zum niedersächsischen Landtag am 2. Februar 2003

Der Nominierungsparteitag

Sechs Mitglieder der Projektgruppe nahmen als Beobachter am 23.11.02 in Wunstorf an einem außerordentlichen Landesparteitag und anschließenden Parteitag zur Nominierung der Kandidaten auf der Landesliste der Partei für die Landtagswahl am 2.02.2003 teil. Ronald B. Schill ließ sich diesmal – er müsse seinen Geburtstag feiern – ausdrücklich entschuldigen; die Reaktionen reichten von Gleichgültigkeit bis zu höhnischem Gelächter. Das Erscheinungsbild – was Geschlecht, Alter, sozialen Habitus anging – unterschied sich nicht wesentlich vom Gründungsparteitag am 19. 10., allerdings fiel die Anwesenheit einiger in Haarschnitt und Kleidung martialisch auffälliger Gestalten ins Auge.

An dem außerordentlichen Parteitag, auf dessen Tagesordnung die Besetzung des Schiedsgerichts der Partei, die Frage einer Satzung des Landesverbandes, die Bestellung der Delegierten für den damals noch in Kassel geplanten Bundesparteitag und die Finanzlage der Partei standen, nahmen Seemann und einige seiner lautstärksten Anhänger nicht teil. Es war damit auch das Bemühen ersichtlich, »alte Kamellen« hinter sich zu lassen und mit dem »Maschener Kreis« in der Vergangenheit assoziierte Kandidaten zu integrieren. Die Besetzung der Landesliste erbrachte dennoch ein ähnliches Bild wie die Landesliste zur Bundestagswahl (d. h. als »Maschener Sympathisanten« Wahrgenommene fielen auf den vorderen Positionen durch, obwohl sie die vergleichweise artikuliertesten Vorstellungen ablieferten[28]). Der damalige Spitzenkandidat Veuskens trat nicht mehr an, der damals Zweitplazierte Reinhard Steinhoff (Salzgitter, Richter am Verwaltungsgericht in Magdeburg) wurde zum Spitzenkandidaten gekürt, an die zweite Stelle rückte der Landesvorsitzende Dirk Salzmann. Bemerkenswert war, dass mit Swetlana Armbruster eine Frau auf den dritten Platz gesetzt wurde, die ihre Kandidatur und deren mögliche Zugkraft bei der Landtagswahl ausdrücklich mit der Affinität der »Russlanddeutschen« zu einer wertkonservativen Partei für »Recht und Ordnung« begründete.[29] Der Projektgruppe gegenüber wurde sie darin von dem einzig anwesenden Vertreter eines Presseorgans, der auf deutsch und russisch erscheinenden Monatszeitung »Heimat« unterstützt, die – wie von der Projektgruppe später überprüft und bestätigt gefunden – die Unterstützung der »Schill-Partei« sich zum Ziel gesetzt habe. Schill selbst habe auf einer bundesweiten Gedenkveranstaltung der Russlanddeutschen zu deren Vertreibung durch Stalin eine große Rede gehalten und verdiene das in ihn gesetzte Vertrauen.

---

28 So z. B. der Kanditat Hattendorf; Vgl. auch unten Fn. 63.

29 Siehe aber die unten aufgeführte sozialstrukturelle Analyse der hannoverschen Wählerschaft durch die agis

Der Vorschlag, die Landesliste auf 30 Personen zu beschränken und die ersten 8 Plätze, die bei einer Überschreitung der 5%-Hürde zum Zuge kommen würden, paritätisch auf die vier Regionen Hannover, Braunschweig, Weser-Ems und Lüneburg zu verteilen, fand Zustimmung.[30] Außer den 30 Personen auf der Landesliste kandidierten örtlich in 29 der hundert niedersächsischen Wahlkreise Vertreter der P.R.O. für ein Landtagsmandat (darunter *eine* Frau).

Die Spitzenkandidaten

Es ist nicht ganz einfach, die beiden Spitzenkandidaten der P.R.O. (den Anführer der Landesliste, Reinhard Steinhoff, und den Zweitplatzierten und Landesvorsitzenden Dirk Salzmann) zu charakterisieren. Ihr öffentliches Auftreten in verschiedenen Arenen (Parteitagen, Wahlkampfveranstaltungen und individuell mit Mitgliedern der Projektgruppe geführten Interviews) war nicht ohne weiteres auf einen Nenner zu bringen. Beide gaben sich in den Interviews[31] jovial und mit dem Anschein realistischer Offenherzigkeit. Die Projektgruppe wurde nicht als trojanisches Pferd konkurrierender Parteien wahrgenommen, das Interesse der Fragenden an »rechtslastigen« Aussagen in der Propaganda oder Programmatik der Partei nur mit einem sehr gedämpften Reflex der Verteidigung gegen vermeintlich ungerechte Verfolgung beantwortet. Tonbandmitschnitte wurden erlaubt und nur selten mit dem Verweis unterbrochen, dies sei aber nicht für die Öffentlichkeit, jedenfalls nicht während des laufenden Wahlkampfs. In den Interviews wurden dem durchschnittlichen Parteimitglied nur geringe politische Erfahrung und Kompetenz zugemessen. Die einem Wahlerfolg entgegenstehenden Schwierigkeiten wurden offen eingeräumt: Geld- und Personalmangel; verspätetes Ingangkommen des Wahlkampfes der Partei; Probleme der flächendeckenden Beackerung

---

30 Die langwierige Wahl, die sich über Stunden hinzog, veranlasste die Projektgruppe, nach der Wahl der ersten 6 Kandidaten den Parteitag zu verlassen und sich über die weiteren Ergebnisse aus dem Internet bzw. der Presse zu informieren.

31 An den jeweils etwa 2 Stunden dauernden Interviews am 19.12.02 und 8.01.03 nahmen ausser dem Projektleiter jeweils 2 Studierende der Projektgruppe teil; die Leitfäden für die Interviews wurden dagegen in der gesamten Projektgruppe diskutiert. Die mitgeschnittenen Interviews wurden in transskribierter Form den Interviewpartnern zugestellt.

des ganzen Landes; die breitere politische Palette der Landespolitik; geringe Beachtung durch die Medien; das schwierige Verhältnis zum kommissarischen Bundesvorstand der Partei und das Problem der »Entzauberung« einer »große Sprüche« klopfenden Partei, wenn sie erst einmal, wie in Hamburg, in der Regierungsverantwortung ist. Das Überspringen der 5%-Hürde wurde durchaus nicht als Gewissheit ausgegeben, wenngleich sich Hoffnungen an den Zulauf aus dem Lager der bisherigen Nichtwähler und der »Sonstigen Parteien« knüpften.[32]

Im Interview repräsentierte der eine, Reinhard Steinhoff, den Typus des Fachmanns (»ich als langjähriger Richter«, »ich als Verhandlungsführer einer auf sachliche Lösungen dringenden Wählergemeinschaft«, »ich als Ehemann einer Lehrerin«), der eigene Kenntnisse und nicht politische Interessen zum Maßstab seines Urteils macht. Kritischen Nachfragen begegnete er daher selten in grundsätzlicher Art, sondern immer wieder mit »Erfahrungen« und Beispielen. Selbst auf der Präsentation zur Spitzenkandidatur seiner Partei am 23.11.02 überwog in seiner Vorstellungsrede trotz aller eingestreuten Polemik bei den Beobachtern der Projektgruppe der Eindruck, hier müsse sich jemand von der beruflichen Arbeit losreißen, um bestimmte, im Argen liegende Dinge des Gemeinwesens in Ordnung zu bringen. Als Richter an einem Verwaltungsgericht könne er gewiss nicht alles, das mache er aber gut und richtig (in der Formulierung einer späteren Wahlkampfrede: »Fachleute statt Schwafler«). Es steht zu vermuten, dass die Parteimitglieder ihn so einhellig unterstützten, weil sie sich davon einen analogen Effekt bei der Wählerschaft wie den des »unpolitischen« Richters Schill in Hamburg versprachen. Vom Standpunkt der Partei aus bestand dabei freilich das Manko, dass Steinhoffs Entscheidungen in einer Kammer für Asylfragen (von denen er im Interview mit der Projektgruppe

---

32 Ironie, dass eine der wenigen positiven Prognosen für die P. R.O. im Dezember 2002 von einem ehemaligen Lehrbeauftragten des IfPW stammte, der als Mutmacher auf der Internet-Seite der niedersächsischen P. R.O. landete, als er ihre Chancen, in den Landtag zu kommen, als »sehr groß« bezeichnete. (http://www.schill-fraktion-hannover.de/article.php?sid=41 vom 11.12.02). Die Kandidaten taxierten die Chancen der Partei in der schriftlichen Befragung durch die Projektgruppe durchschnittlich bei 5,3 %.

Näheres berichtete) vielleicht auf ähnlich populäre Zustimmung hätten treffen können, aber im Vergleich zur herrschenden Rechtsprechung weder so singulär und »gegen den Strom« ausfielen wie die des Strafrichters Schill, noch mit einem ähnlichen Medienecho in der Öffentlichkeit rechnen konnten. Insofern musste dieses Kalkül scheitern, zumal Steinhoffs Vorstellung auf dem Parteitag, erst recht seine Antworten auf Anfragen der Parteimitglieder zu einzelnen Politikfeldern eher dem pragmatischen Duktus des durchschnittlichen Konkordanzpolitikers verhaftet blieben. Vielleicht wollte er damit das zur Abschreckung inkompetenter Bewerber zu Beginn des Parteitags ausgegebene Motto illustrieren, man müsse Gabriel und Wulff »auf Augenhöhe begegnen« können. Den Stil des Fachmanns hielt Steinhoff auch in den beiden zentralen (öffentlichen bzw. dank der Filzung der Einlassbegehrenden durch Wachleute und die Polizei »halböffentlichen«) Wahlkampfveranstaltungen der Partei in Oldenburg am 16.01.03 und in Hannover am 27.01.03 durch[33]. Hier freilich durfte, der öffentlichen Wirkung wegen, Polemik nicht zu kurz kommen, und deshalb war die mit »fachmännischem« Anspruch vorgetragene Destruktion der SPD-Regierungsbilanz angereichert durch zahlreiche persönliche Invektiven (u.a.: der wegen seiner vielen Lügen lilliputanerhaft kurzbeinige »Bursche Gabriel«; die »durchgeknallte Künast«, die uns »zurück in die DDR befördert«; »Wowereit, der mit den Frauen nichts am Hut hat«) und rhetorische Verkleidungen, deren hetzerische Absicht, wennschon nicht unbedingt der Wortlaut seinem Publikum verständlich waren, so z.B. der Vorwurf der unkontrollierten Einwanderung, die nicht »die crême de la crême« ins Land bringe, sondern weiteren »Zuzug in die Sozialkassen« bedeute.[34]

Steinhoff hatte somit den Part des Antipolitikers übernommen, sich allerdings im Bewusstsein, dass man die Hamburger Strategie des One-issue-Wahlkampfs in Niedersachsen nicht einfach reproduzieren könne, um eine Erweiterung der Themenpalette vor allem in die

---

33 An ihnen nahmen 2 bzw. 6 Mitglieder der Projektgruppe teil, die die Veranstaltungen protokollierten.

34 Vgl. auch die Ausführungen unten zum Politikprogramm und zur Wahlkampfführung der Partei

Bereiche Wirtschaft, Finanzpolitik und Bildung bemüht. Dirk Salzmann, langjähriger Gewerkschaftsfunktionär und Mandatsträger der CDU, konnte dem gegenüber den Habitus des alten, nach eigenem Bekunden »mit allen Wassern gewaschenen« Polithasen in keiner der Situationen, in denen ihn die Projektgruppe erlebte, abstreifen. Vielleicht eignete er sich deshalb besonders gut als Zielscheibe des jakobinischen Radikalismus eines Lars Seemann. Im Interview mit der Projektgruppe machte er kein Hehl daraus, dass es vor allem auf Werbung und Außenwirkung der Partei ankomme, und es steht zu vermuten, dass er selbst eine Beschäftigung mit der Partei durch die Projektgruppe, so marginal ihre Wirkung letztlich sein musste, als Teil der Öffentlichkeitsarbeit der Partei und Verstärkung ihres Beachtetwerdens betrachtete.[35] Nicht zuletzt war er es, der durch ständig neue Pressemitteilungen die Aufmerksamkeit der Presse in Gang zu halten suchte und nach Möglichkeiten suchte, notfalls auch durch provokative Auftritte der Partei die von ihm am stärksten beklagte Mißachtung der Partei durch die Medien zu durchbrechen. So ventilierte er im Gespräch mit der Projektgruppe die Möglichkeit, Haider zu einer Veranstaltung der P. R.O. in Göttingen einzuladen, weil dies einen Aufmarsch der Autonomen garantiere und damit sowohl ein Medienecho gewährleistet sei wie das Erschrecken des braven Bürgers (was wiederum einer Partei für Recht und Ordnung zugute kommen müsse).[36] Ob die P. R.O. mit einer solchen Einladung

---

35 Wahrscheinlich auch als Gelegenheit für die »wissenschaftliche Beweisführung«, dass es sich bei der P. R.O. um eine des Rechtsextremismus unverdächtige Partei handle, die die Öffentlichkeit nicht zu scheuen brauche, so Salzmann selbst und andere führende Mitglieder der Partei in Gesprächen mit Mitgliedern der Projektgruppe.

36 Der Auftritt Haiders kam nicht zustande. Der gleiche Effekt wurde aber durch das Auftreten Ronald B. Schills vor einer der Projektgruppe gegenüber als »intern« deklarierten Wahlkampfveranstaltung in Göttingen am 25. 01. 03 erreicht, zu deren Schutz ein massives Polizeiaufgebot eingesetzt wurde. In Flugblättern, die auf weiteren Veranstaltungen der P. R.O. kursierten, wurde dies als eklatanter Beweis für den Zusammenbruch der rechtsstaatlichen Ordnung, das Imstichlassen der Polizei durch eine politisch vorgegebene Strategie der Abwiegelung und die Parteinahme für die Störer durch die niedersächsische Landesregierung angeprangert, zumal Gabriel danach solche, so Salzmann, »bürgerkriegsähnlichen Zustände« mit der sinngemäßen Bemerkung gerechtfertigt habe, hier brauche man Schill nicht. – Im übrigen blieben die Parteitage und sonstigen Wahlkampfauftritte der

nicht nahelege, mit den politischen Positionen Haiders identifiziert zu werden und damit mit einem europaweit im Ruch des Rechtsextremismus Stehenden, schien von geringerem Belang oder im Kalkül einbezogen.

Natürlich war Salzmann als aktiver Kriminalkommissar das Aushängeschild seiner Partei für deren noch immer eigentliches Thema: Sicherheit und Ordnung. Seinen Konflikt mit der CDU und sein letztliches Ausscheiden aus dieser Partei begründete er im Interview letztlich mit der »seichten« Haltung der CDU in diesen Fragen. Das habe dazu geführt, dass man ihn als Landtagskandidaten nicht mehr akzeptiert habe, just zu einem Zeitpunkt, als seine Themen und Sorgen in Hamburg von Schill erfolgreich propagiert worden seien. Auf der Wahlkampf-Abschlussveranstaltung der P. R.O. am 27. 01. 03 in Hannover hob er stolz hervor, dass die P. R.O. auf ihrer Landesliste immerhin 7 Polizisten aufgestellt habe (ein knappes Viertel aller Listenplätze der Partei), während die SPD nur einen Polizeibeamten auf dem aussichtslosen Listenplatz 85 stehen habe und die CDU von 5 Kandidaten im Polizeiberuf den ersten auf Platz 32 nominiert habe.

Der Wahlkampf: Präsentation und Programm

Der Wahlkampf der P. R.O. war geprägt durch parteiinterne und -externe Faktoren.

Zu den parteiinternen zählte die geringe Kompetenz der meisten, zumal örtlichen Kandidaten (soweit man von den Äußerungen der Betreffenden auf den Parteitagen schließen kann). Auch dürfte eine örtliche Bekanntheit durch eine vorherige politische Tätigkeit oder einen weiten persönlichen Radius über berufliche Kontakte (wie bei manchen Ärzten) eher die Ausnahme gewesen sein. Eine regelrechte Schulung der KandidatInnen für ihre Aufgabe (etwa anhand der in anderen Parteien existierenden Handreichungen) scheint es nicht gegeben zu haben. Örtliche Aktivitäten bedeuteten wegen der nahezu leeren Parteikassen auch ein finanzielles Risiko für die Kandidaten, denn wegen der späten Gründung des Landesverbandes standen

Partei auch von »antifaschistischen« Gruppen weitgehend unbeachtet, wenn man von kleineren, eher dem Lächerlichmachen dienenden demonstrativen Gesten in Oldenburg absieht.

nennenswerte Summen erst im Frühjahr 2003 zu erwarten, und die Bundespartei war nach dem schlechten Abschneiden bei der Bundestagswahl nicht geneigt, mehr als die zu diesem Zweck für Niedersachsen bereits verausgabten 8 000 Euro vorzuschießen. Ein nennenswertes Spendenaufkommen für die Partei wurde im Interview mit dem Landesvorsitzenden ebenfalls ausgeschlossen. Eine Rolle mag auch gespielt haben, dass die auf den Parteitagen unterlegenen und/oder selbst als Kandidaten nicht zum Zug gekommenen Aktivisten der Partei wenig Neigung zeigten, ihren Gegenspielern durch eigenes Engagement im Wahlkampf zu politischen Erfolgen zu verhelfen.

Die Programmarbeit der Partei war von Anbeginn defizitär, wenn man in Rechnung stellte, dass der one-issue-Wahlkampf einer lokalen Wählerinitiative wie in Hamburg im Flächenstaat chancenlos bleiben musste, wenn man sich nicht den diskreditierten Propandamethoden anschließen wollte, wie sie die DVU 1998 in Sachsen-Anhalt mit überraschendem Erfolg praktiziert hatte. Zwar waren bereits seit dem Frühjahr 2002 vom »Peiner Büro« Programmvorschläge der Mitglieder angefordert worden, doch erblickten diese nie das Licht der parteiinternen Öffentlichkeit. Mit der Situation in Niedersachsen vertraute und diese in die Programmgestaltung einbeziehende Arbeitsgruppen kamen nicht zustande – anders als in Sachsen-Anhalt und Mecklenburg-Vorpommern, wo nicht nur die Programmergebnisse um das Doppelte bis Dreifache umfänglicher ausfielen, sondern Ansprechpartner für bestimmte Themengebiete auf den Internet-Seiten der Partei angegeben waren. Nach Aussagen aus der Parteiführung kam das Landtagswahlprogramm der P. R.O. Niedersachsen, das erst in der zweiten Dezemberhälfte 2002 in Gestalt eines »Eckpunktepapiers« vorlag[37], mehr oder minder als »Schnellschuss« über Nacht zustande, als Kompilation aus den zur Bundestagswahl von der Bundes-P. R.O. vorgelegten »Leitlinien« und den bisher vorliegenden Landtagswahlprogrammen aus Meckenburg-Vorpommern und Sachsen-Anhalt.

Im Themenspektrum waren die »Eckpunkte« deutlich weniger differenziert als die genannten Programme. Ihre Kernaussagen und

---

37 *www.schill-fraktion-hannover.de/mod.php?mod=userpage&page_id=67*

Stoßrichtung lassen sich an dem im Wahlkampf vertriebenen Flyer (siehe Abbildung unten) ablesen.

Sie enthalten zunächst grundsätzliche Bekräftigungen der populistischen Note der Partei (»ehrliche Politik« gegen »Korruption«, Politik nach dem »tatsächlichen Willen der Menschen im Land« und nicht als »Experimentierfeld für Ideologen«, »Übergang von der Stimmungs- zur Mitbestimmungsdemokratie«). Im Interview mit dem sehr beredten Spitzenkandidaten Steinhoff wurde die Frage gestellt, wer denn »das Volk« ist, von dem sich die Politiker angeblich entfernen und gegen das sie ihre Macht ausspielen, d. h. ob nicht bei der P. R.O. ein ganz unpluralistisches Verständnis politischer und gesellschaftlicher Interessen vorliege, bei aller berechtigten Kritik an Auswüchsen des Parteienstaates. Die Antwort reduzierte sich bei ihm dann »auf eine ganze Anzahl von Menschen, die insgesamt mit dem, was ihnen hier so geboten wird im politischen Bereich, nicht zufrieden sind«. Wenn diese bisher nicht »massenhaft« (d. h. als »Volk«) die Korrespondenz ihrer Interessen mit der »Schill-Partei« erkannt hättten, so läge dies – außer der öffentlichen Stigmatisierung der Partei durch die anderen Parteien und die Medien – auch daran, dass sich die Partei in vielen lebenswichtigen Fragen noch nicht »ausreichend positioniert« habe.

An hervorgehobener Stelle der »Eckpunkte« steht, der Herkunft der Partei entsprechend, die Thematik »Kriminalität/Polizei/Prozessrecht«, wobei es der Partei in Niedersachsen an den konkreten Horrorszenarien mangelt, die Schill im Hamburger Wahlkampf entworfen hatte, danach aber teilweise zurücknehmen oder modifizieren musste.[38] Dennoch wird der dort propagierte kriminalpolitische Maßnahmenkatalog (zentriert um den scheinbar plausiblen Slogan »Opferschutz vor Täterschutz«) mit allen drakonischen Konsequenzen für ein liberales Rechtsstaatsverständnis abstrichlos vorgetragen.

Beim Thema »Zuwanderungsproblematik« fällt auf, dass die bei der Hamburger Initialzündung so offenkundige Verknüpfung von Kriminalität und Zuwanderung vermieden wird, es sei denn, die Forderung nach »Integration« kann, neben der Akzentuierung des

---

38 Vgl. *Verdi, Fachkommission Rechtspolitik im Landesbezirk Hamburg*, Gnadenlos ahnungslos. Argumente gegen Rechtspopulismus. Hamburg o. J. (2002)

»Leitkultur«-Gedankens, als Codeword dafür gelten. Umso deutlicher wird in den Wahlkampfveranstaltungen darauf verwiesen, dass die vielen selbstverschuldet integrationsunwilligen, d.h. vor allem unterqualifizierten Ausländer den Arbeitsmarkt zusätzlich belasteteten oder mißbräuchlich die Sozialkassen plünderten und im Fall des Verstoßes gegen ausländer- oder arbeitsrechtliche Bestimmungen in deutschen Gefängnissen »durchgefüttert« werden müssten.[39] Hier wie im Fall asylrechtlicher Fragen herrscht ein vollkommen repressiver Grundzug, der für Forderungen an die deutsche Gesellschaft und Politik keinen Raum lässt. Es sei denn, diese sollten endlich erkennen, dass die Fortsetzung der bisherigen Politik oder gar die Umsetzung des rot-grünen Gesetzentwurfs zur Zuwanderung Deutschland im Jahr 2050 300 Millionen, ganz überwiegend fremdstämmiger Einwanderer bescheren würde. (Steinhoff in der Schlußveranstaltung zum Wahlkampf am 27.01.2003: »Wollen Sie das?«)

Die Kapitel zu »Ländlicher Raum/Landwirtschaft«, »Verwaltungsreform/Kommunalpolitik« und »Schulwesen/Bildung« enthalten nichts, was sich von den Rezepturen aus CDU und F.D.P. nennenswert unterschiede, außer dass auffällt, wie inkongruent manche Forderungen (Marktfreiheit vs. Subventionen, Privatisierung vs. Leistungsgarantien, Freisetzung von Initiative vs. Kontrolle) ausfallen. Da außerdem alle Aussagen, die sich auf die Erhöhung staatlicher Ausgaben als Folge der möglichen Umsetzung solcher Forderungen beziehen, vage bleiben oder unterlassen werden, ist davon auszugehen, dass die Partei sich in der angestrebten Koalition mit der CDU, ähnlich wie in Hamburg geschehen, trotz aller Dringlichkeitsappelle den notwendigen inhaltlichen und finanziellen Kompromissen gebeugt hätte.

Man kann sagen, dass die Themen und Tendenzen des »Eckpunktepapiers« – angereichert mit tagespolitischen Vorkommnissen (PISA, Irakkrieg) und kräftigen Prisen ad hominem gerichteter Polemik[40]

---

39 Protokoll der Veranstaltung vom 27.01.02

40 Siehe etwa die oben wiedergegebenen Äußerungen Steinhoffs auf der Schlussveranstaltung am 27.01.03.

– auch die übrige Wahlkampfführung der P.R.O. in Niedersachsen bestimmte. Das Hauptplakat (neben einem weiteren mit dem Spitzenkandidaten Steinhoff) war im Straßenbild freilich nur selten auszumachen und wurde vor allem im Postkartenformat als Flyer unter die Leute gebracht.

Trotz der Plakatierung der Partei als »Schill« (und nicht etwa »Rechtsstaatliche Offensive«) waren Wahlkampfveranstaltungen, an denen Ronald B. Schill selbst teilnahm, rar: die bereits erwähnte »interne« Veranstaltung in Göttingen (Anm. 36) und die beiden von der Projektgruppe besuchten in Oldenburg und Hannover am 16.01.03 und 27.01.03. Dort machte Schill einen alles in allem eher lustlosen Eindruck und spulte dieselbe Rede ab, die sich hauptsächlich mit bundespolitischen Themen beschäftigte, wenn er nicht auf die Erfolgsbilanz der Hamburger Kriminalpolitik zu sprechen kam:

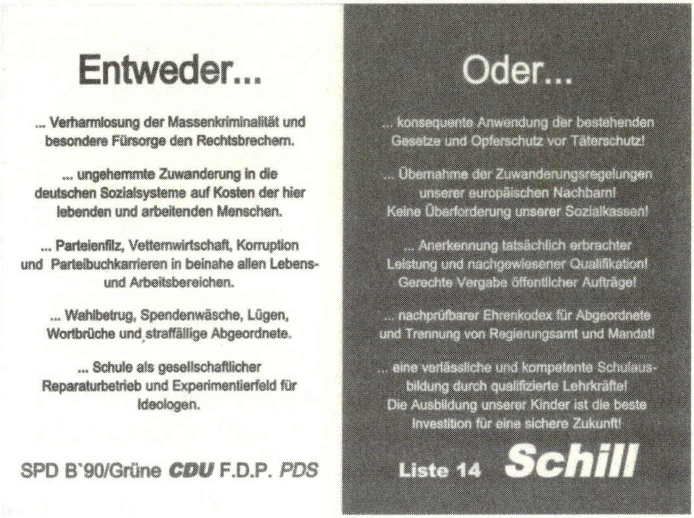

dort habe er sich dem »Herz für Verbrecher« der Vorgängerregierung »erfolgreich entgegengestemmt« und die Kriminalität um 15 % gedrückt, vor allem wegen der Zerschlagung der meist »aus Schwarzafrika importierten« Drogenszene. Hinsichtlich der großen Parteien schwankte seine Botschaft zwischen der Aufforderung, den etablierten Parteien allgemein »die Rote Karte« zu zeigen, d. h. die Niedersachsenwahl zur »Denkzettelwahl« zu machen und einem offenen Koalitionsangebot an die CDU, die man allerdings »auf Trab bringen müsse«. Schill wurde zu Beginn und Ende der von jeweils ca. 150 Personen hauptsächlich mittleren Alters, darunter vielen Paaren besuchten Veranstaltungen jeweils mit stehenden Ovationen gefeiert. In den Veranstaltungspausen wurden Videoclips und Radiospots abgespielt, die den damit Beworbenen akustisch und optisch die Auswahl ließen zwischen der von der bisherigen Politik produzierten »Scheiße« und »Schill ist geil«. Unter den Powerpointpräsentationen fand sich auch eine optische Gegenüberstellung von »Wollen wir« versus »wollen wir nicht«: Bush vs. Saddam Hussein, Ronald B. Schill vs. Osama bin Laden, ein Pudel (Hunde»tier«) vs. Wolfgang Thierse, Jürgen W. Möllemann vs. Guido Westerwelle, Dieter Bohlen vs. Gerhard Schröder und ein Bademodenmodell vs. Klaus Wowereit (auf die homophobe Anspielung in der Rede Steinhoffs wurde bereits hingewiesen). Abgesehen von den nicht unerheblich verrutschten Proportionen zeigten diese Gegenüberstellungen Geist und Intelligenz der Hersteller nicht weniger als latente Einstellungsmuster derjenigen Zuhörer- und ZuschauerInnen, die darauf mit Heiterkeit und Zustimmung reagierten (was bei weitem nicht alle taten).

Vertreter der »Schill-Partei« beklagten sich immer wieder, dass die P. R.O. von der Presse und in öffentlichen Veranstaltungen (Nichteinladung ihrer Kandidaten) geschnitten würde. In der Tat war die Presse nur bei den von Schill besuchten Veranstaltungen vollständiger vertreten, bei den Parteitagen so gut wie gar nicht. Nicht viel anders hatte es sich ja im Bundestagswahlkampf dargestellt, als allein Schills xenophobiegesättigte »Flutkatastrophenrede« im Deutschen Bundestag vom 29. August 2002[41] oder im Vorfeld der niedersächsischen Wahl seine Überlegungen zum Giftgaseinsatz bei Geiselnahmen auf der Innenministerkonferenz in Bremen am 6. 12. 2002 und auf dem Hamburger Landesparteitag vom 8. 12. 2002[42] die Medien und damit Freund wie Feind gleichermaßen stimulierten. Steinhoff und Salzmann gaben der Projektgruppe gegenüber an, dass sie nahezu täglich Mitteilungen an die Presse gäben, von denen es aber so gut wie keine in den Nachrichtenteil schaffte.[43] Allerdings brachte es die Partei selbst nicht fertig, mehr als zwei Dutzend solcher Meldungen auf der eigenen Homepage überhaupt oder einigermaßen aktuell zu präsentieren.

Insgesamt war die Internet-Präsentation der P. R.O. in Niedersachsen, nachdem, wie oben berichtet, eine Initiative des »Maschener Kreises« in dieser Richtung frühzeitig gestoppt worden war, mager bis kläglich zu nennen. Der Webmaster arbeitete nach Angaben der Parteiführung ehrenamtlich in seiner knappen Freizeit. Vielen üblichen Qualitätskriterien für eine zentrale Homepage entsprach diejenige der P. R.O. Niedersachsen (www.schill-partei-niedersachsen.info) oder der Schill-Fraktion in der Regionsversammlung Hannover

---

41 *Deutscher Bundestag*, Plenarprotokoll 14/251

42 *Hannoversche Allgemeine Zeitung* vom 7. 12. und 9. 12. 02

43 Der mehrfachen Bitte, solche Presseinformationen der Projektgruppe zugänglich zu machen, wurde – wohl auch aus Gründen der Unterbesetzung des Parteibüros – nicht entsprochen, so dass die Stichhaltigkeit der oben wiedergegebenen Behauptung nicht überprüft werden konnte.

(www.schill-fraktion-hannover.de) nicht: farbenpsychologische Erkenntnisse zur Gewinnung der Aufmerksamkeit schienen unbekannt, die Übersichtlichkeit ließ zu wünschen übrig, Links führten ins Leere bzw. auf ähnlich unattraktive Seiten, die Aktualität der Informationen war nicht einmal wöchentlich gewährleistet, die in den Homepages anderer Parteien immer wichtiger werdende Interaktivität fehlte ganz (z. B. Selbsttests, Wahlkampfspiele, Chatrooms) oder wurde, wie das eingerichtete Forum (Frage z. B.: »sollen Lehrer mehr Arbeitszeit in der Schule verbringen?«) kaum genutzt, zumal eine Werbung dafür fehlte.

Der Wahlkampf: die politische Landschaft

Die wichtigste externe Ursache für das Steckenbleiben des Wahlkampfs der P. R.O. lag in der bundes- und landespolitischen Situation begründet. Der rasante Absturz der Popularitätswerte der Bundesregierung nach der Bundestagswahl und der gleichzeitige Anstieg der CDU als führender Oppositionspartei in den Umfragen machte eine Kopf-an-Kopf-Wahl von vornherein eher unwahrscheinlich und damit auch die von der P. R.O. erhoffte Rolle einer Mehrheitsbeschafferin für die CDU. Außerdem verschätzte sich die P. R.O. (wie andere Parteien, etwa die GRÜNEN, auch) hinsichtlich der Chancen der F. D.P., die trotz der akuten Auseinandersetzungen um Möllemann oder vielleicht gerade deshalb auch bei potentiellen Schill-Wählern Attraktivität genoss (erinnert sei an das oben beschriebene Videoclip auf Wahlkampfveranstaltungen). Anders als in Hamburg, aber wie schon in Sachsen-Anhalt, wertete die CDU die P. R.O. ihrerseits nicht durch Koalitionsangebote auf. Sie nahm von der Partei selbst keine Notiz, übernahm aber gleichzeitig deren eigenste Parolen der »Denkzettelwahl« und der Kriminalitätsbekämpfung. Man denke an das »Handschellenplakat« der CDU, über das sich die Führenden in der P. R.O. nicht ohne Grund deshalb erregten, weil ihrer Partei ein solches Plakat anders als bei der selbstverständlich als »demokratisch« wahrgenommenen CDU sofort als Beweis eines autoritären Extremismus ausgelegt worden wäre: »nun guckt euch diesen Schill an, der hat nichts besseres zu tun als die Leute einzusacken und wegzusperren« (Steinhoff im Interview; aber war das nicht die Botschaft der P. R.O.?). Nicht nur hatten CDU und SPD der

P. R.O. ihr wichtigstes Thema »geklaut« (z. B. CDU und Gabriel mit Initiativen zu geschlossenen Einrichtungen für jugendliche Straftäter, Gabriel mit seiner Ankündigung einer »schnellen Eingreiftruppe« gegen Kinder- und Jugendkriminalität oder seinem Eingreifen in den »Mehmet«-ähnlichen »Fall Artur« in der Landeshauptstadt).[44] Anders als seinerzeit in Hamburg flossen diese nach rechts driftenden politischen Ströme nicht auf die Mühlen der P. R.O., weil dieser der Bonus des »Themenerfinders«, der die anderen Parteien vor sich hertrieb, abhanden gekommen war und weil in einem Flächenland wie Niedersachsen die typischen Probleme urbaner Kriminalitätsbelastung ohnehin nicht in gleichem Maß zu Buche schlugen wie im Stadtstaat Hamburg. Die P. R.O. hatte spätestens nach der Bundestagswahl jeden Optimismus, den Wählern einen »Aufbruch« suggerieren zu können, eingebüsst und auf keinem Kompetenzfeld, erst recht nicht dem seit geraumer Zeit bundespolitisch entscheidenden der Wirtschaftslage und Arbeitslosigkeit oder bei dem genuinen landespolitischen Thema Bildung Lösungen anzubieten, die von denen der CDU abwichen. Schills Ankündigung in seiner offiziellen Stellungnahme nach der Bundestagswahl, die Partei werde »bereits mittelfristig« ihre Strukturen so weit verbessert haben, »dass wir in der Öffentlichkeit mehr als bisher als Alternative zu den Altparteien wahrgenommen werden«[45], hatte sich als Wunschdenken erwiesen.

Durch die Absetzbewegungen des SPD-Ministerpräsidenten Gabriel von der Bundesregierung – etwa in der Frage der Wünschbarkeit einer Vermögens- und/oder Zinsabschlagssteuer – und die Fähigkeit

44 Siehe z. B. *Hannoversche Allgemeine Zeitung* vom 24. und 25. 09. 02. Im August/ September 2002 füllten die wirklichen und vermeintlichen Taten eines jugendlichen Intensivtäters mit dem Decknamen »Artur« die Spalten der hannoverschen Tagespresse, was Gabriel in Überschreitung seiner Kompetenzen zu ressortbezogenen Weisungen hinsichtlich einer pädagogischen »Spezialbetreuung« dieses noch nahe dem Kindesalter befindlichen Täters veranlasste. In einem ähnlich gelegenen Fall hatte die bayerische Landesregierung im Jahr 1998 den 14jährigen Täter »Mehmet« in die Türkei abgeschoben, von wo er nach einem letztinstanzlichen Urteil des Bundesverwaltungsgerichts vom 16. 07. 02 (Az: BverwG 1 C 802/i), das der bayerischen Landesregierung rechtswidriges Vorgehen vorwarf, zurückkehren konnte. Das wurde in den Wahlkampfveranstaltungen der P. R.O. heftig kritisiert.

45 Meldung der AP vom 23. 09. 02

Wulffs oder seiner Medienberater, sein hergebrachtes Image als liberaler Flügelmann der CDU mit einigen law-and-order-Tönen zu übermalen, gewann der Wahlkampf zudem an Personalisierung, zu der die P. R.O. nichts und niemanden beizusteuern hatte. Ronald B. Schill stand nun einmal nicht selbst zur Wahl und machte sich im Wahlkampf zudem rar. Durch die Skandalchronik seiner Partei in Hamburg und die koalitionspolitische Verwässerung seiner versprochenen »Sofortmaßnahmen«[46] hatte er auch in seiner Heimatstadt einigen Nimbus und dort binnen eines Jahres zwischen der Bürgerschaftswahl und der Bundestagswahl im September 2002 rund zwei Drittel seiner Wählerstimmen eingebüßt. Außerdem hatte er noch vor der Niedersachsenwahl kundgetan, dass er keine weiteren Ambitionen auf die Führerschaft der Bundespartei habe und damit deren Überleben eher zu einer zweitrangigen Angelegenheit gemacht.[47]

Die Wahl: Ergebnisse der P. R.O.

Unter all diesen Voraussetzungen war eigentlich niemand (wahrscheinlich auch nicht die Matadoren der P. R.O.) überrascht, dass die Partei bei den Landtagswahlen vom 2. 02. 2003 mit 1,0 % der Zweitstimmen ihr Bundestagswahlergebnis in Niedersachsen nur um 0,1 % übertraf bei, wegen der allgemein deutlich geringeren Wahlbeteiligung, gleichzeitigem Rückgang der absoluten Zahl ihrer Wähler.

Bei den gleichzeitig stattfindenden Landtagswahlen in Hessen, wo die CDU die absolute Mehrheit der Mandate gewann, war das Ergebnis mit 0,5 % der Zweitstimmen noch verheerender, so dass viele trotz aller Bekundungen der Parteiführung in Niedersachsen und Hamburg über den angesichts der Ausgangslage »achtbaren Erfolg« das Sterbeglöcklein zu hören meinten und die Parteiaustritte sich häuften. Heute, im August 2003 hat die Partei etwa ein Achtel ihrer Mitglieder eingebüßt (711 gegenüber 850 vor einem Jahr).

Es ist nicht ohne größeren Aufwand möglich, die Ergebnisse der Landtagswahl 2003 mit denen der Bundestagswahl 2002 zu

---

46 *Carini, Speit*, 97 ff., 118 ff.

47 Zur jüngsten, nach Abschluss des Textes eingetretenen Entwicklung siehe die Schlussbemerkungen

Wahlergebnisse in Niedersachsen (Zweitstimmen)	Landtagswahl 1998	Bundestagswahl 2002	Landtagswahl 2003
Wahlberechtigte	5 929 342	6 036 550	6 022 940
Wahlbeteiligung	4 376 643 = 73,8 %	4 888 292 = 81,0 %	4 037 790 = 67,0 %
SPD	2 068 477 = 47,9 %	2 319 044 = 47,8 %	1 330 721 = 33,4 %
CDU	1 549 227 = 35,9 %	1 674 633 = 34,5 %	1 925 664 = 48,3 %
Bündnis 90/ Die Grünen	304 193 = 7,0 %	353 300 = 7,3 %	304 704 = 7,6 %
FDP	209 610 = 4,9 %	343 390 = 7,1 %	323 151 = 8,1 %
PDS		50 416 = 1,0 %	21 602 = 0,5 %
REP	118 975 = 2,8 %	13 976 = 0,3 %	17 048 = 0,4 %
P. R.O. (Schill)		43 143 = 0,9 %	40 320 = 1,0 %

vergleichen, da nunmehr in 100 Wahlkreisen gegenüber 29 bei der Bundestagswahl gewählt wurde, die Wahlbeteiligung überdurchschnittlich stark rückläufig war und damit sozialökologisch andere Zusammensetzungen der aktiven Wählerschaft gegeben sind.

Die P. R.O. erzielte ihr bestes Ergebnis bei der Bundestagswahl 2002 (in Niedersachsen) mit 1,9 % der Zweitstimmen im Heidegebiet (Wahlkreis Soltau-Fallingbostel–Winsen), gefolgt vom Wahlkreis Stade–Cuxhaven (Hamburger Umland!) mit 1,5 %, dem Wahlkreis Lüchow-Dannenberg–Lüneburg mit 1,4 % und dem Wohnort des Spitzenkandidaten der Landesliste, Klaus Veuskens (Wahlkreis Hildesheim) mit 1,3 %. Überdurchschnittlich (bei, nicht zu vergessen, statistisch eigentlich insignifikanten Größenordnungen) schnitt die Partei auch im hannoverschen Umland mit jeweils 1,2 % im Wahlkreis Hannover-Land und Wahlkreis Hameln–Pyrmont–Holzminden ab. Besonders schlechte Ergebnisse erzielte die Partei in den stark katholisch geprägten Wahlkreisen des Emslandes mit zwischen 0,3 % und 0,5 % der Zweitstimmen. Die Ergebnisse in den Großstädten waren unterschiedlich: die niedrigsten Stimmanteile für die P. R.O.

gab es im stark studentisch geprägten Göttingen mit 0,5 %, aber auch in Braunschweig mit 0,6 % und Osnabrück mit 0,3 %. Die Landeshauptstadt Hannover wies in beiden Wahlkreisen (41 und 42) mit 1,0 % bis 0,8 % durchschnittliche Ergebnisse auf, allerdings mit deutlich differierenden Anteilen für die P. R.O. in den einzelnen Stadtgebieten (siehe dazu unten).

Die Tendenzen bei der Landtagswahl vom 2. 02. 2003 unterschieden sich davon nicht grundsätzlich. Wieder wiesen die Emslandwahlkreise die niedrigsten Werte zwischen 0,2 und 0,3 % der Zweitstimmen auf neben den Großstädten Göttingen, Braunschweig und Osnabrück (zwischen 0,4 und 0,6 %). Im weiteren Umland von Hamburg und Bremen erlitt die Partei diesmal deutliche Einbußen, mit zwei »Ausreißern« in Osterholz (3,4 %) und Delmenhorst (2,7 %), wo auch die Wahlkreiskandidaten (beide dem »Maschener Kreis« nahestehend) recht gute Ergebnisse erzielten. Die Heidekreise und Lüneburg hielten in etwa die Stellung, während es im Umland von Hannover (der organisatorisch relativ am meisten gefestigten Region der Partei) deutlich über dem Landesdurchschnitt liegende Ergebnisse gab: Neustadt (zugleich der Wahlkreis des örtlich sehr bekannten Landesvorsitzenden Salzmann) 2,3 %, Lehrte 2,0 %, Bad Pyrmont 1,9 %, Garbsen 1,7 %. In der Landeshauptstadt Hannover bewegten sich die Ergebnisse zwischen 0,4 % in Hannover-Mitte, 0,6 % in Hannover-Südost, 0,9 % in Hannover-List, 1,0 % in Hannover-Linden und Hannover-Nordost, 1,1 % in Hannover-Südwest und 1,5 % in Hannover-Nordwest.

Da wegen der geringen statistischen Signifikanz die Ergebnisse der P. R.O. in der repräsentativen Wahlstatistik des Landes nur zusammen mit anderen »sonstigen Parteien« ausgewiesen sind, kann hier nur auf Ergebnisse aus einer Studie der agis zur Stadt Hannover verwiesen werden, die einige Schlussfolgerungen über sozialstrukturelle Besonderheiten der P. R.O.-Ergebnisse zulässt. Zunächst einmal ist offenkundig, dass nicht die Großstadt als solche eine über dem Landesdurchschnitt liegende Präferenz für die »Schill-Partei« begründet: die hannoverschen Ergebnisse sind, aufs Ganze gesehen, durchschnittlich, die anderen größeren Städte des Landes (mit Ausnahme von Hildesheim) deutlich unterdurchschnittlich.

Andererseits bestätigt sich in Hannover die in Hamburg gemachte Beobachtung[48], dass es in erster Linie die Stadtteile mit einem hohen Anteil von Bewohnern in benachteiligten Soziallagen sind, in denen die P. R.O. mehr oder minder überdurchschnittliche Erfolge aufzuweisen hat. »Benachteiligung« soll dabei in erster Linie heißen, dass es sich um Quartiere mit hoher Baudichte bei geringer Qualität oder »abgehängte« Einfamilienhausgebiete handelt, deren BewohnerInnen durchschnittlich über ein schlechtes Bildungsniveau und einen prekären sozialen Status verfügen.[49] In den entsprechenden Stadtteilen in Hannovers Nordosten, Nordwesten und Südosten ging bei der Landtagswahl die dort schon traditionell niedrige Wahlbeteiligung weiter massiv zurück, vor allem auf Kosten der SPD. Hält man es für zulässig, die zur Bundestagswahl 2002 für Hannover vorliegenden Wanderungsbilanzen unter Berücksichtigung der inzwischen eingetretenen veränderten politischen Stimmungslage auf die Landtagswahl vom 2. 02. 2003 hypothetisch anzuwenden, so steht zu vermuten, dass die in den Vernachlässigungszonen kommunaler Politik für die P. R.O. erzielten Werte (die höchsten mit 1,9 % in Stöcken und Burg, Limmer und Vinnhorst/Brink-Hfn., 1,7 % in Hainholz und Wülferode) bei den dort gleichzeitig hohen Gewinnen für die CDU in erster Linie zu Lasten der SPD gingen, sodann auf Kosten der REP, die in diesen Stadtteilen überdurchschnittliche Verluste zu verzeichnen hatten. Bei einem landesweiten Überblick zeigt sich allerdings keine eindeutige Tendenz, dass Verluste der REP mit halbwegs analogen Gewinnen der P. R.O. verbunden waren. Schließlich scheinen die Zuwächse für die P. R.O. in den genannten Stadtteilen zu einem kaum bestimmbaren, aber sicher deutlich geringeren Anteil als bei den Hamburger Bürgerschaftswahlen 2001 und bei der Bundestagswahl 2002 auf die Mobilisierung bisheriger Nichtwähler zurückführbar.

Auch muss darauf hingewiesen werden, dass sozialdemografischen Analysen auf einzelne, typische Wohngebiete unterhalb der formalen

---

48 *Schmitz*, Die »Schill-Partei«, 18

49 *Landeshauptstadt Hannover-Statistikstelle/agis – Universität Hannover*, Hannover hatte die Wahl. Ergebnisse und Analysen zur Landtagswahl vom 2. Februar 2003. Hannover 2003, *www.agis.uni-hannover.de/wahlforschung/ltw03/wahlbericht_ltw03_stadt.htm*, 22

Ebene der Wahlbezirke heruntergebrochen werden müssen, wenn sie wirklich – im Vergleich – stichhaltige Ergebnisse im Hinblick auf das Wahlverhalten liefern sollen. Und dann handelt es sich oft um so geringfügige absolute Zahlen, dass ihnen keine wirkliche statistische Signifikanz zugesprochen werden kann. Als Indikator für Fragen an das sozialstrukturelle Profil der Wählerschaft der P. R.O. eignen sich immerhin die Untersuchungen der agis zur Bundestagswahl 2002, die offenkundig machen, dass das Stimmverhalten der üblichen »verdächtigen« Sozialgruppen für eine Wahl der »Schill-Partei« kaum über dem Wählerdurchschnitt liegt: das gilt für Arbeitslose (1,1 %) ebenso wie für Sozialhilfeempfänger (1,1 %) oder Aussiedler (1,2 %).[50] Es ist also nicht so sehr die individuelle Soziallage als solche wie die Verdichtung solcher Lagen in städtischen Quartieren und die dort sich hegemonial durchsetzende Wahrnehmung von Politik und Politikern (bzw. des eigenen Beachtet- oder Nichtbeachtetwerdens durch diese), die die Wahl- oder Wahlenthaltungsentscheidung bestimmt. Interessant ist in diesem Zusammenhang besonders, dass das Kalkül der P. R.O., in den Aussiedlern, insbesondere den »Russlanddeutschen« eine Zielgruppe gefunden zu haben[51] und deshalb eine »Russlanddeutsche« (Swetlana Armbruster) auf der dritten Position der Landesliste zu platzieren, in nur sehr eingeschränkter Weise aufging; z. B. erhielt die Partei im Stimmbezirk Hannover-Mühlenberg mit einem überproportional hohen Anteil von Aussiedlern aus der ehemaligen Sowjetunion nur einen Stimmenanteil von 1,3 %.

---

50 *Landeshauptstadt Hannover-Statistikstelle/agis – Universität Hannover*, Hannover hatte die Wahl. Ergebnisse und Analysen zur Bundestagswahl vom 22. September 2002. Hannover 2002, *www.agis.uni-hannover.de/wahlforschung/btw02/wahlbericht_btw02_start.htm*, S. 55.

51 Aussagen in den mit den Spitzenkandidaten Steinhoff und Salzmann geführten Interviews. Interesssant ist hier, dass dieser Hofierung der »Russlanddeutschen« die Auffassung der Kandidaten und Mitglieder der P. R.O. ganz entgegensteht, russische Spätaussiedler sollten keinen höheren Anspruch auf staatliche Förderung als andere zugewanderte Gruppen haben.

Wolfgang Kreutzberger

VI. Soziale Lage und politische Positionierung von Kandidaten und Mitgliedern der »Schill-Partei« in Niedersachsen

Fragestellungen

Soll nun der eingangs allgemein und vorsichtig als »rechtslastig« bezeichnete Charakter der Partei am niedersächsischen Beispiel genauer unter die Lupe genommen werden, dann ist es erforderlich, neben der Konstitutionsgeschichte der Landespartei und neben den im Wahlkampf formulierten und dem Wähler angebotenen politischen Positionen der Partei auch das Selbstverständnis der Parteielite und wenigstens einen Ausschnitt ihrer Mitgliederschaft auf den unteren Ebenen zu untersuchen. Die Formulierung relevanter Fragen an diese Personengruppen ergaben sich aus dem Studium der vergleichenden Literatur zum Charakter der als »rechtspopulistisch« oder »rechtsextrem« bezeichneten Parteien in Europa und in Deutschland [52]. Wenn z. B. eine grundsätzliche Systemopposition als Voraussetzung für die Qualifizierung einer Partei als »rechtsextrem« gelten soll, kann die »Schill-Partei«, ab welcher Grenze man immer eine solche »Grundsätzlichkeit« dingfest macht, aus dem Spiel gelassen werden. Sähe es anders aus, wenn die »Schill-Partei«, wie ihr Gründer immer wieder betont hat, sich in erster Linie als antiparteienstaatliche Protestbewegung versteht und damit

---

52 Es handelt sich in erster Linie um verschiedene Beiträge in: *Jürgen Falter, Hans-Gerd Jaschke* und *Jürgen Winkler* (Hrsg.), Rechtsextremismus. Ergebnisse und Perspektiven der Forschung. = PVS, Sh. 27/1996, Opladen 1996; *Piero Ignazi* und *Colette Ismal* (Hrsg.), Extreme Right Wing Parties in Europe = European Journal of Political Research, Sh. 22,1 Dordrecht 1992; *Hans-Georg Betz*, Radical Right-Wing Populism in Europe. New York 1994; *Herbert Kitschelt* in Zusammenarbeit mit *Anthony McGann*, The Radical Right Wing in Western Europe. A Comparative Analysis. Ann Arbor 1995; *Michael Minkenberg*, Die neue radikale Rechte im Vergleich. USA, Frankreich, Deutschland. Opladen 1998; *Frank Decker*, Parteien unter Druck. Der neue Rechtspopulismus in den westlichen Demokratien;Opladen 2000; *Marcus Neureiter*, Rechtsextremismus im vereinten Deutschland. Eine Untersuchung sozialwissenschaftlicher Deutungsmuster und Erklärungsansätze. Marburg 1996; *Christoph Butterwegge et al.*, Rechtsextremisten in Parlamenten. Forschungsstand, Fallstudien, Gegenstrategien. Opladen 1997; *Wilfried Schubarth, Richard Stöß* (Hrsg.), Rechtsextremismus in der Bundesrepublik Deutschland. Eine Bilanz. Opladen 2001.

als oppositionelle Bewegung chamäleonesk alle möglichen Impulse aufnehmen könnte, zugleich von den politischen Konjunkturen und Konkordanzen bzw. Polarisierungen im Parteiengefüge abhängig bliebe? Sind es »wohlfahrtschauvinistische« Einschränkungen der universalen Geltung sozialstaatlicher Errungenschaften, d. h. deren nationalistische Monopolisierung bei deutschen Staatsangehörigen, die eine »rechtsextreme« Partei ausmachen, und erfordert dies einen Bodensatz biologistischer oder kulturalistischer rassistischer Einstellungen? Wie viel davon ist unter Mitgliedern der »Schill-Partei« vorzufinden? Wie verhalten sich wirtschaftsliberale Tendenzen der Entsolidarisierung auch unter »Volksgenossen« zu libertären kulturellen Emanzipationsbewegungen, etwa im Bereich der Geschlechterpolitik? Welche Spaltungslinien aufgrund unterschiedlicher beruflicher Positionierung, Interessenlagen und habitueller Milieubindungen müssen in einer Partei überbrückt werden, die sich außerhalb des bestehenden Parteiensystems etablieren will, und welche ideologischen Fermente könnten besonders nützlich sein, dies zu leisten? Welche Rolle spielt die in der sozialpsychologischen Rechtsextremismusforschung immer wieder aufgeworfene Frage der »relativen Deprivation« und Zuwendung zum Rechtsextremismus als einer Statuspolitik gegenüber Artefakten der politischen Kultur, hier insbesondere des Verhältnisses zum Nationalsozialismus und zu Formen des primären oder sekundären Antisemitismus? Fast alle dieser Fragen begründen die weitere Frage nach der Nähe oder Ferne der »Schill-Partei« zu den verschiedenen Façetten des deutschen Rechtsextremismus nach 1990, seien es NPD, DVU oder REP.

Die Befragungen

Die Untersuchung der Projektgruppe wurde mit Hilfe zweier schriftlicher Befragungen vorgenommen. Die erste wurde vom Institut für Politische Wissenschaft zu Beginn des Wahlkampfs im Dezember 2002 unter den 54 Listen- und örtlichen Kandidaten (darunter 2 Kandidatinnen) gestartet, um eine Rückmeldung zu deren Erfahrungen, Erwartungen und Einstellungen zu verschiedenen Problemkreisen noch vor der Feststellung des Ergebnisses der Landtagswahl zu bekommen und zugleich einen Probelauf für die nach den Landtagswahlen zu startende zweite Umfrage unter »einfachen« Mitgliedern zu versuchen. Die Projektgruppe ging davon aus, dass es sich bei der Beantwortung dieses Fragebogens um die Auffassungen des vermutlich informiertesten und aktivsten Teils der Mitgliederschaft der P. R.O. handeln würde. Die Projektgruppe unterstellte dabei – auch bei der Formulierung mancher Fragen –, dass in kritischen Bereichen Antworten auch unter taktischen Rücksichten gegeben werden würden und daher die mildere Fassung eines Statements vielleicht mehr Einblick in bestimmte Einstellungsmuster erlauben würde als die Art von extremen Formulierungen, für die Wilhelm Heitmeyer und seine Mitarbeiter in einem Bevölkerungsdurchschnitt soeben erschreckende Zustimmungswerte ermittelt hatten.[53] Auf einen ersten Teil des Fragebogens, in dem es um sozialstrukturelle Merkmale der Person und die Hinwendung zur P. R.O. ging (22 Fragen), folgte ein zweiter Abschnitt mit 19 Statements, zu denen in 4 Stufen der Zustimmung bzw. Ablehnung Stellung genommen werden konnte. Ergänzende eigene Bekundungen der Angeschriebenen waren ausdrücklich erwünscht; davon wurde bei beiden Umfragen in der knappen Hälfte der Rücksendungen Gebrauch gemacht, wenngleich die Anmerkungen in Umfang und Qualität sehr differieren. Die Rücklaufquote betrug für diesen ersten Fragebogen 56 %.

---

53 *Wilhelm Heitmeyer* (Hrsg.), Deutsche Zustände. Folge 1. Frankfurt a. M. 2002, darin Teil II: Die empirischen Analysen des GMF-Survey 2002, 37–135, insbesondere *Dagmar Schaefer et al.*, Rechtspopulistisches Potential. Die »saubere Mitte« als Problem, 123–135. Einige der dort verwendeten Statements hat die Projektgruppe in der zweiten Befragung unter den Mitgliedern in leicht veränderter Fassung aufgenommen. In der Beantwortung des Fragebogens der Projektgruppe für die Kandidaten wurde deutlich, dass diese in sehr viel geringerem Umfang taktische Rücksichten walten ließen, als vorher angenommen. Das lässt entweder auf politische Unbedarftheit oder auf den unbeirrten Glauben an das Gute und Rechtmäßige der eigenen Sache schließen. Von daher liegt es nur im Ausnahmefall nahe, dass das Unterlassen der Rücksendung des Fragebogens (frankierter Umschlag lag bei) neben Desinteresse, Vergesslichkeit oder den anderen üblichen Gründen auch einen stillen Protest gegen die Befragung selbst oder einzelne der dort abgefragten Statements war. Eine ausdrückliche Zurückweisung jeglicher Antworten gab es nur ein einziges Mal während der zweiten Fragebogenaktion mit der Begründung, der Fragebogen – nicht etwa die frei zu wählenden Antworten! – diene doch nur dazu, die P. R.O. in die rechte Ecke zu rücken. Insgesamt war die Bereitschaft der rücksendewilligen Kandidaten und Mitglieder, die meisten Fragen zu beantworten, erstaunlich hoch, selbst wenn man in Rechnung stellt, dass die meisten der gestellten Fragen und vorgelegten Statements in vorgegebenen Schemata relativ schnell und einfach zu beantworten waren.

Die Versendung des zweiten Fragebogens an Mitglieder aus der Region Hannover als einem eher urban geprägten Bereich (etwa 200 Mitglieder) und an Mitglieder der Region Weser-Ems als eher ländlich strukturiertem Gebiet (etwa 100) Mitglieder wurde unmittelbar nach der Landtagswahl aus Gründen des Datenschutzes von der Geschäftsstelle der Partei in Hannover übernommen.[54] Hier wurden im ersten Teil 27 Fragen zur sozialen Situation und zur Stellung in der »Schill-Partei« gestellt, im zweiten Teil Antworten zu 30 politischen Statements erbeten, bei denen wiederum vier Antwortmöglichkeiten von voller Zustimmung bis zu völliger Ablehnung vorgegeben waren. Nach anfänglich sehr zögerlichem Rücklauf betrug die Quote der Antwortenden auf diesen zweiten Fragebogen am Ende ein gutes Drittel, wobei nach den Angaben zur Person (soweit die Organisationseinheit preisgegeben wurde, was häufiger nicht der Fall war) oder nach den Poststempeln zu schließen Mitglieder der Region Hannover ein sehr deutliches Übergewicht hatten. Aus all dem ergibt sich, dass ein Anspruch auf strikte Repräsentativität weder für die Führungsgruppe noch für die Mitglieder der Partei erhoben werden kann, wenngleich die zumeist hohen Quoten der Zustimmung oder Ablehnung bei einzelnen Fragekomplexen vermuten lassen, dass hier ein beträchtlicher innerparteilicher Konsens vorliegt.

Vorläufige Ergebnisse

Die genaue Analyse beider Befragungsaktionen muss einer differenzierten Ausarbeitung vorbehalten bleiben.[55] Daher werden hier nur einige vorläufige Ergebnisse vorgestellt.

Die Auswertung beider Umfragen ergab, dass es signifikante Unterschiede zwischen Kandidaten und einfachen Mitgliedern der Partei jedenfalls der Tendenz nach weder in sozialstruktureller Hinsicht noch im Hinblick auf die Gründe ihrer Zuwendung zur »Schill-Partei« noch im Hinblick auf die Streuuung der Antworten auf die

54 Ob alle Mitglieder in diesen Regionen (insbesondere Weser-Ems) den Fragebogen erhielten, entzieht sich meiner Kenntnis, da die Portokosten im voraus beglichen wurden.

55 Vgl. Anm. 5; ich möchte hier Alexander Remmel danken für die vorläufige Aufbereitung der Fragebogen-Auswertung, die mir in meiner Darstellung sehr geholfen hat.

vorgegebenen Statements gab. Letzteres allerdings mit der Einschränkung, dass im Fragebogen für die Mitglieder manche Statements polarisierender formuliert waren, die dennoch einen vergleichbaren Anteil an Zustimmung erhielten.

Bei den Mitgliedern der »Schill-Partei« in Niedersachsen – Antworten lagen allerdings nur von 103 Mitgliedern und von zusätzlich 30 KandidatInnen vor (bei geschätzter Berücksichtigung von Überschneidungen) – handelt es sich ganz überwiegend um wirtschaftlich objektiv nicht schlecht situierte Personen (Eigenheimbesitz, zureichendes persönliches Einkommen), die hauptsächlich Rentner oder aktive Beamte/Angestellte sind bzw. kaufmännische oder andere selbständige Berufe ausüben und immerhin zu etwa zwei Dritteln ihre wirtschaftliche Situation auch subjektiv als befriedigend oder sogar gut einstufen. Die Angst vor persönlichem Statusverlust in Gestalt wirtschaftlichen Abstiegs kommt allerdings ebenso deutlich zum Ausdruck, vor dem Hintergrund einer fast einhelligen pessimistischen Einschätzung der künftigen wirtschaftlichen Entwicklung in Deutschland.

Die Herkunft von Mitgliedern aus sozialen/pädagogischen/kommunikativen Ausbildungsgängen und Berufsbereichen scheint die absolute Ausnahme, womit an die Hypothese erinnert werden könnte, dass technisch-instrumentelle, stark durch individuelle Konkurrenz geprägte oder stark hierarchisch gestufte Berufslaufbahnen für autoritäre politische Einstellungen eher disponieren könnten als Berufe, in denen weniger Gegenstände und Regeln als Personen und Flexibilität erfordernde soziale Problemlösungen im Vordergrund stehen.

Die Bildungsabschlüsse bewegen sich im mittleren bis oberen Bereich. Das ist entweder ein Indiz dafür, dass die Mitgliedschaft in einer Partei ein höheres Maß an Handlungskompetenz und -zutrauen voraussetzt als die bloße Wahl einer Partei (die bei der P.R.O. besonders auffällig durch niedrige Bildungsabschlüsse ihrer Wähler gekennzeichnet ist). Oder die eingegangenen Daten sprechen dafür, dass Mitgliedern mit niederen Bildungsabschlüssen die Beantwortung des Fragebogens – da als fremdartig und lästig empfunden – schwerfiel und sie damit bei den Antworten unterrepräsentiert blieben.

Das Bild, dass es sich bei den Mitgliedern von Parteien am rechten Rand eher um Männer handelt, findet sich mit fast 90 % ebenso bestätigt wie das Überwiegen der formellen Zugehörigkeit zur protestantischen Konfession (in Niedersachsen aufgrund der konfessionellen Zusammensetzung der Bevölkerung ohnehin zu erwarten) bei gleichzeitig eher schwach ausgeprägter kirchlicher Bindung.

Zwei Drittel der Kandidaten und Mitglieder waren niemals zuvor Mitglied einer anderen Partei; die Kandidaten waren zuvor etwas stärker anderweitig politisch aktiv (37 %) als die befragten einfachen Mitglieder (20 %). Dennoch ist die totale Ablehnung aller anderen politischen Parteien mit knapp über 10 % eher gering ausgeprägt. Bei nahezu 100%-iger Zustimmung zu pauschalen Aussagen wie der, dass die etablierten Politiker »nur an sich und die Erhaltung ihrer Macht« dächten und sich »nicht um das kümmerten, was der kleine Mann denkt«, neigten über zwei Drittel der Befragten dennoch als zweite Wahl den bürgerlichen Parteien, besonders der CSU zu. Ausgesprochene Feindbilder waren, vermutlich ihrer öffentlichen Etikettierung als »extrem« folgend, die PDS (30 %) und die REP (19 %). Die GRÜNEN lagen in der Ablehnungsskala mal über, mal unter den REP, wobei in den Antworten und zuweilen zusätzlichen Stellungnahmen zu den Statements die inhaltliche Ablehnung von »grünen« Positionen viel deutlicher zum Ausdruck kam als von Positionen, die so oder ähnlich auch von den REP vertreten werden.

Die Vermutung, die starke Sympathie für eine Partei von »Recht und Ordnung« könne – insbesondere in der Großstadt – auf eigener negativer Betroffenheit durch Kriminalität beruhen, scheint sich auf den ersten Blick zu bestätigen, wenn mehr als die Hälfte der Antwortenden für sich oder jemanden aus dem eigenen persönlichen Umfeld über eine solche negative Erfahrung berichtet. Zu vermuten steht allerdings, dass es sich hierbei meist zum sog. »Bagatelldelikte« handelt (Sachbeschädigung, Beleidigung, Ruhestörung, Verkehrsgefährdung oder dgl.), da in der Propaganda der P. R.O. diese pauschal in ein Kriminalitätsszenario einbezogen wurden, das fließende Übergänge zur Begehung schwerer Verbrechen nahelegte. Einer solchen Interpretation steht allerdings entgegen, dass immerhin 40 % der Antwortenden (entgegen der offiziellen Parteipropaganda) der Meinung sind, dass die konsequente Verfolgung solcher Bagatelldelikte ohne Vernachlässigung wichtigerer Aufgaben seitens der Polizei nicht wirksam zu leisten sei. Jedenfalls scheinen solche Vorkommnisse kaum bei den »persönlichen Erfahrungen« eine Rolle gespielt zu haben, die zum Beitritt in die »Schill-Partei« bewogen haben[56], wie überhaupt deutlich individuell verortbare Motive so gut wie nicht in Erscheinung treten. Einen umfassenden polizeilichen Schutz verhindernde Sachzwänge oder persönliche Erfahrungen scheinen gegenüber dem einigenden Generalthema der »rechtsstaatlichen Verfolgung aller Verbrechen« zurückzutreten, und hier messen die Parteimitglieder ihrer Partei und (zum Zeitpunkt der Umfragen) Schill als der Personifizierung der »Rechtschaffenen« eben die höchste Kompetenz zu. Sie befürworten dieses Problem als vordringliches Wahlkampfthema der Partei (wohl wissend, dass andere Themen wie Arbeitslosigkeit oder Bildung die entscheidenden Themen des Wahlkampfs sein werden) und unterstützen zu nahe 100 % die Forderung nach schnellerer und härterer Bestrafung von Verbrechern und lebenslanger Kontrolle von Sexualstraftätern.

Wenig deutet darauf hin, dass die Mitglieder der P. R.O. Verständnis für pluralistische Lebensformen und den Schutz von Minderheiten aufbringen: dies gilt für sozial Randständige (Bettler und Obdachlose, Sozialhilfeempfänger) ebenso wie für religiöse Minderheiten (Juden und Moslems), sexuelle Minderheiten (Homosexuelle) oder ganz allgemein »Aussenseiter und Unruhestifter«; hier bewegen sich die Werte voller oder überwiegender Zustimmung zu Maßnahmen der Disziplinierung, Diskriminierung und Ausgrenzung zwischen 60 und 90 % (mit Tendenz zu den höheren Werten). Als Gegenmittel gegen den Zerfall einer – wie sie es sehen – einheitlichen deutschen Kultur, der Arbeitsmoral und Disziplin empfehlen ebenfalls ziemlich stabile 90 % der Antwortenden die Durchsetzung von Autorität, Ordnung und Fleiß in Familie und Schule. Das war es wohl, was Steinhoff im Interview mit der Projektgruppe als »Schluß mit der Ideologisierung« in der Erziehung meinte; dennoch wollen weniger als die Hälfte der Antwortenden »die Intellektuellen« für den Verfall deutscher Traditionen und Werte verantwortlich machen (ein klassischer Topos des Rechtsextremismus), obwohl dies bei dem Eindreschen des Spitzenkandidaten auf »die 68er« nahe gelegen hätte.

56 Vgl. dazu die oben gemachte Bemerkung zur Nichtkorrelation von Verbrechensbelastung in einzelnen Wahlbezirken und der Wahl der P. R.O. in Hamburg.

Interessant im Zusammenhang mit der Frage nach Familie und Erziehung ist auch die Vorstellung von der Rolle der Frau zwischen Familie und Beruf. Hier herrschen scheinbar deutlich modernere Vorstellungen, als sie bei Männern in rechtsextremen Parteien üblicherweise anzutreffen sind und als sie zunächst von der Projektgruppe, auch aufgrund der einseitigen Geschlechtsverteilung der Mitglieder und politischen Funktionsträger in der P. R.O., antizipiert wurden. Allerdings kann kaum von einer bedingungslosen Akzeptanz der Geschlechtsrollenemanzipation ausgegangen werden. Dafür ist die Quote der bloß »eher« Zustimmenden oder Ablehnenden bei den verschiedenen Statements zu hoch. Bei einem Statement mit der klaren Tendenz zu einem Verständnis »Frauen zurück an den Herd« und einem anderen, das den Frauen die Hauptverantwortlichkeit für den Erziehungserfolg zuschiebt, gab es volle oder bedingte Ablehnung von 70 bzw. 63 % (dazu gab es auch die meisten persönlichen Kommentare, die eine Gleichberechtigung der Geschlechter immerhin nahelegten). Diese Werte veränderten sich allerdings um 10 % zu Ungunsten der Berufstätigkeit von Frauen, wenn ein ausdrücklicher Konflikt zwischen den Anforderungen der Erwerbsarbeit und der Sorge für die Familie unterstellt wurde. Einiges spricht dafür, dass der Erwerbsarbeit von Frauen so lange und vor allem aus dem Grund positiv begegnet wird, wie sie den Lebensstandard der Familie sichern hilft.

Für die Verortung der P. R.O. in der Spannweite der rechtsaußen agierenden Parteien ist die Frage von besonderem Belang, ob die Mitglieder der P. R.O. eher einem »neo-liberalen« oder »sozialchauvinistischen« Gesellschaftsbild anhängen. Die Antworten auf die verschiedenen, darauf zielenden Statements lassen kein klares Bild zu. Einerseits wird die Entlastung der Systeme sozialer Sicherung durch »mehr Eigenverantwortung« zu über 90 % gutgeheißen und damit der individualistische Ausgangspunkt des »neuen Rechtspopulismus« (Deckert) bzw. der »neuen radikalen Rechten« (Kitschelt) im Ansatz bestätigt. Auch sonst geht der Tenor in »materialistische« Richtung, d. h. die Betonung von Leistung und Arbeit und die Bereitschaft, »Sozialschmarotzer« für die wirtschaftlichen Probleme verantwortlich zu machen. Dennoch wird am Prinzip der (wie unten gezeigt tendenziell nationalistisch verengten) »Solidargemeinschaft« gegen ein bloß egoistisches Nutzenkalkül überwiegend festgehalten, auch am Leitbild sozialer Gerechtigkeit (58 % bzw. 52 %). Über 90 % sprechen sich dafür aus, dass die Bildungseinrichtungen auch einen Auftrag zur Förderung sozial Schwacher hätten.

Das neben dem Thema »Kriminalität und Rechtspolitik« in der Propaganda der P.R.O. besonders hervorstechende Thema ist die Zuwanderung. Die Aussagen zur Häufigkeit von Kontakten der Mitglieder der P.R.O. mit Menschen ausländischer Herkunft bewegen sich im Rahmen erwartbarer Durchschnittswerte zumindest in Großstädten und sagen über die Art der Kontakte, ihre positive oder negative Bewertung nichts aus. Sie sollen wohl signalisieren, dass nicht Unkenntnis oder ein persönliches Ressentiment, sondern die Sorge um das Wohl Deutschlands die Antriebsfeder für die durchweg hohen Quoten der (vollen oder durch ein »eher« moderierten) Zustimmung zu diskriminierenden und ausgrenzenden Aussagen ist: zu viele Ausländer in Deutschland: 83 %; Stopp jeder weiteren Zuwanderung: 83 %; Zurückschickung bei Konkurrenz um Arbeitsplätze: 71 %; Mißbrauch der Religionsfreiheit durch Moslems: 84 %; kein Leben der Zuwanderer in Deutschland nach eigenen kulturellen Vorstellungen: 79 %; Anpassung an die deutsche Kultur: 93 %. Politisch heiklen Formulierungen, die im Wahlkampf der P.R.O. keine geringe Rolle spielten[57], wie die, dass »die meisten« der in Deutschland lebenden Ausländer »eine Belastung des sozialen Netzes« darstellten, wurden immerhin von 48 % »eher nicht« zugestimmt, von weiteren 11 % überhaupt nicht. Hier scheinen bei den sonst durchgängig hohen Werten gegen ein autonomes Lebensrecht der Zuwanderer eher taktische Motive eine Rolle zu spielen (das Statement war im Fragebogen für die Kandidaten enthalten).

Ob im übrigen »völkische« Gesinnungen in nennenswerter Massierung und Intensität existieren, konnte nicht zweifelsfrei geklärt werden: zwar herrschen eindeutig Auffassungen einer einheitlichen deutschen Nationalkultur vor, aber dies ist nicht ohne weiteres mit rechtsextremen »ethnopluralistischen« Argumentationsfiguren (Ausweisung bzw. Apartheid zugunsten einer Erhaltung der »Vielfalt

57 Vgl. die Ausführungen zur Wahlkampfveranstaltung am 27.1.03, das »Eckpunktepapier« oder den oben abgebildeten Flyer zur Landtagswahl.

der Völker«) gleichzusetzen, weil die »Anpassung« von Ausländern immerhin für zumutbar und möglich gehalten wird, auch wenn eine Mehrheit von 63 % sich am neurechten Slogan von der »Zerstörung der Völkervielfalt« durch Zuwanderung nicht zu stören scheint. Mit 18 % verweigerter Antworten gab sich hier ein hohes Maß der Verunsicherung zu erkennen, weil entweder die Diskussion in der Neuen Rechten zu diesem Thema nicht bekannt war oder ihre Kenntnis aus politischen Gründen verleugnet wurde.

Mit diesem Komplex in engem Zusammenhang steht die Frage nach dem Verhältnis der Mitglieder der P. R.O. zur NS-Herrschaft und insbesondere zu den Folgen, die sich für das deutsch-jüdische Verhältnis daraus ergeben. Die in jüngerer Zeit zu beobachtende Tendenz, den Deutschen für die Periode des Nationalsozialismus den gleichen Opferstatus wie den vom nationalsozialistischen Deutschland Angegriffenen und Verfolgten beizumessen[58], findet sich in der Zustimmung zu einem in diese Richtung zielenden Statement (86 %) wieder und der sich daraus ergebenden Forderung, dass Deutschland »wie alle Anderen« seine nationalen Interessen selbstbewusst verfolgen solle (98 %). Die Antwort auf das Statement, dass Deutschlands Ansehen in der Welt mit der wirtschaftlichen Tüchtigkeit der Deutschen »steht und fällt« (75 % Zustimmung), kann vielfältige Gründe haben: den Stolz auf den »Wirtschaftsstandort Deutschland« oder die Befürchtung, durch nachlassende Leistungskraft im globalisierten Wettbewerb nicht mehr bestehen zu können. Sicher verbirgt sich dahinter aber auch mangelnde Sensibilität dafür, in welch hohem Umfang das »Ansehen« Deutschlands von dieser »Vergangenheit, die nicht vergehen will« und vom Umgang mit ihr bestimmt wird. Dass diese mangelnde Sensibilität nicht einfach der »Unschuld der Spätgeborenen« zuzuschreiben ist, sondern einen Akt der Verdrängung voraussetzt, verdeutlichen die Antworten auf

58 Vgl. dazu *Samuel Salzborn*, Opfer, Tabu, Kollektivschuld. Über Motive deutscher Obsession, in: *Michael Klundt et al.*, Erinnerung, Verdrängen, Vergessen. Geschichtspolitische Wege ins 21. Jahrhundert. Giessen 2003, 7–15 und den Beitrag desselben Autors in diesem Band.

Statements, die den »sekundären Antisemitismus«[59] unter P.R.O.-Mitgliedern messen sollten. So halten 85 % es für richtig, dass man in Deutschland zuviel Aufhebens um Antisemitismus mache (hier spielt sicherlich die Möllemann-Friedman-Kontroverse hinein). Dass mit dem zum Zeitpunkt der Befragung abgeschlossenen Staatsvertrag der Bundesrepublik mit dem Zentralrat der Juden in Deutschland die »jüdische Kultur in Deutschland« unterstützt werden solle, missbilligten 65 % der Antwortenden. Und dass »viele Juden« Deutschland mit dem Holocaust erpressen wollten, hielten 47 % der Antwortenden für »voll und ganz« richtig, weitere 30 % »eher« für richtig; nur 6 % lehnten diese Ausage voll und ganz ab.

VI. »Schill in Niedersachsen« – welcher Typ einer Partei am rechten Rand?

Die »Partei Rechtsstaatlicher Offensive« erwägt nach Auskunft ihres niedersächsischen Landesvorsitzenden, ihren Parteinamen auf dem für November 2003 vorgesehenen Parteitag zu ändern. 40 % der Kandidaten zur Niedersächsischen Landtagswahl (soweit sie geantwortet haben) hätten einen anderen Parteinamen vorgezogen, z. T. unter Hinweis darauf, dass in Deutschland das Wort »rechts«, selbst in Verbindung mit »Rechtsstaatlichkeit«, stigmatisiert sei und Erinnerungen an den Nationalsozialismus wachrufe.[60] Ähnlich argumentierten die Spitzenkandidaten in den Interviews mit der Projektgruppe. Die Mitglieder der Partei ordneten sich in der schriftlichen Befragung zu 50 % »eher in der Mitte« des politischen Spektrums, zu 41 % als »eher rechts« ein. Angesichts der gleichzeitig ermittelten 4 %, die sich als Alternative zur P. R.O. am ehesten die »Republikaner« vorstellen konnten (im Vergleich zu den 40 % für die CSU), darf man annehmen, dass unter »rechts« bei den Mitgliedern am ehesten eine norddeutsch-nationalkonservative Ausgabe der CSU verstanden wird.

---

59 Vgl. dazu *Samuel Salzborn* und *Marc Schwietring*, Antizivilisatorische Affektmobilisierung. Zur Normalisierung des sekundären Antisemitismus, in: *Michael Klund et al.* (Anm. 58), 43–76.

60 Vgl. den Titel des Buchs von *Marco Carini* und *Andreas Speit* (Anm. 1).

Zur Interpretation dieses Ergebnisses sei hier an die Ausführungen im ersten Abschnitt dieses Textes erinnert, wonach rechtskonservative Anschauungen sich auf einer schiefen Ebene befinden oder, anders ausgedrückt, je nach den politischen und gesellschaftlichen Machtlagen und deren Veränderung im Rahmen bestehender demokratischer Verhältnisse latent bleiben oder in antidemokratischer Richtung virulent werden können.[61] Wenn Kernpunkte des konservativen Gesellschaftsbildes wie z. B.

- die Verteidigung von »natürlichen Gliederungen« wie Volk und Familie als den »Keimzellen des Staates«,
- die hohe Besetzung der staatlichen Autorität und ihrer Machtmittel,
- die verhaltenssteuernde Orientierung an Mythen und Traditionen statt erhellendem Bewußtsein

in Momenten der Krise und mentalen Verunsicherungen von politischen Unternehmern inhaltlich bis zur letzten Konsequenz vorangetrieben werden und dabei eine verschärfende, definitiv antidemokratische Umformung erfahren, wird das Plateau verlassen, wo nur im populistischen Appell die Oberfläche der Ressentiments, Vorurteile und Bestrafungswünsche angesprochen wird.

Folgt man der Literatur und den Ergebnissen der Projektgruppe, so wird man der »Schill-Partei« in ihrer Gesamtheit oder auch nur der übergroßen Mehrheit der in ihr Führenden und Geführten nicht nachsagen können, dass sie als Systemopposition agiert und zu diesem Zweck alle im pluralistischen Haushalt einer Demokratie noch verkraftbaren rechten Ideologiefragmente radikalisiert. Je nach Situation wird

- im Stil einer common-sense-Biederkeit agiert (etwa im Gespräch mit den vermutlich als kritisch eingeschätzten Interviewpartnern aus der Projektgruppe)
- oder im Stil eines künftigen Koalitionspartners, der in das zugelassene Spektrum bürgerlich-konservativer Programmatik nur einige

61 Das gilt, mutatis mutandis, auch für die anderen ideologischen Großströmungen Europas, die sich gegen demokratiewidrige Zuspitzungen ihrer heterogenen Elemente als nicht gefeit erwiesen haben.

neue Akzente einführen will (der *eine* Tenor der Wahlveranstaltungen)
- oder im Stil des Agitators, der im Duktus und Inhalt die Gesittung und Gesinnung der Zuhörer gegen die Politik aller etablierten Parteien, vornehmlich aber gegen die bei Rot-Grün verorteten »Ideologen« und »Spinner« mobilisiert (der *andere* Tenor).

Insoweit sind die hier vorgestellten Eindrücke und Recherchen geeignet, die eingangs vorgestellten Hypothesen sowohl von Raschke/Tils wie die von Decker zu bestätigen. Es gibt Anhaltspunkte für einen »rechtspopulistischen« Parteityp wie für einen mehr traditionellen Nationalkonservatismus, der am rechten Rand der CDU/CSU nicht auffallen würde. Nicht zu verkennen ist indessen, dass die Befragung der Kandidaten und Mitglieder auch erschreckende Einbrüche in die gegen die radikale Rechte errichtete Brandmauer aufweist, etwa in den Bereichen der Akzeptanz von Aufklärung und Menschenrechten, des Minderheitenschutzes und der »Vergangenheitsbewältigung«. Ohnehin gibt es immer wieder Vorfälle in verschiedenen Landesverbänden der P. R.O., die anzeigen, dass dort – bis in örtliche Führungspositionen hinein – Personen mit einer Herkunft aus rechtsextremen Gruppierungen Unterschlupf gefunden haben und nicht etwa, entgegen den markigen Ankündigungen des Parteigründers Schill, »sofort herausgeflogen« sind.[62] In Niedersachsen gab immerhin zu denken, dass der Kandidat auf dem 8. Listenplatz der P. R.O. zur Bundestagswahl 2002 und Direktkandidat im Wahlkreis Bersenbrück bei der niedersächsischen Landtagswahl 2003, der Hildesheimer Viktor Kasper (Aussiedler aus Russland) auf dem Gründungsparteitag der Partei in Hannover am 19. 10. 02 und dem Nominierungsparteitag am 27. 11. 02 eine ausgesprochen rechtsradikale, revisionistische und biologistische Terminologie pflegte und in seinen Ausfällen weniger durch artikulierten Widerspruch als durch Unaufmerksamkeit, Gelächter oder Geschäftsordnungsinterventionen der Versammlungsleitung gebremst wurde. Deutlichen

62 Vgl. dazu die Kleine Anfrage der damaligen Bundestagsabgeordneten Ulla Jelpke und der Fraktion der PDS zum Rechtsextremismus im Umfeld der »Schill-Partei«, in: *Deutscher Bundestag*, Drucksache 14/7772 vom 05. 12. 2001 und einzelne Meldungen in den das rechtsextreme Spektrum beobachtenden Zeitschriften wie »Blick nach rechts« oder »Der rechte Rand«.

Zuspruch fand dagegen auf dem Nominierungsparteitag für die Landesliste zur Landtagswahl am 27.11.02 der schließlich nur auf Position 15 platzierte (er war schließlich ein »Maschener«) und in Osterholz kandidierende Hans-Hermann Hattendorf, als er ein schon länger in der rechtsextremen Szene kursierendes »Gedicht« auf die Ausbeutung Deutschlands durch Asylbewerber in voller Länge verlas, mit dem Kommentar: »traurig, dass ein solches Gedicht geschrieben wird, aber wahr bleibt es doch«.[63] Hattendorf war der Kandidat mit der höchsten Quote an Erst- und Zweitstimmen für die P.R.O. in seinem Wahlkreis (4,5 % bzw. 3,7 %), verfügte über einen gewissen Ruf durch seine rigide Behandlung von Asylbewerbern als Leiter des Ordnungsamtes in Osterholz-Scharmbeck und trug möglicherweise zu dem örtlich deutlich überproportionalen Rückgang der REP gegenüber der letzten Landtagswahl bei.

Dies waren in Niedersachsen gewiss Randerscheinungen. Auch der Einsatz populistischer Stilmittel (und damit der sie begleitenden Appelle an aus dem Hosenboden entsprungenen Stimmungen) fiel eher bescheiden aus und verblieb meist im Zwielicht von Anspielungen und Ironisierungen. Das mag aus Anstand so geschehen sein oder weil den an der Spitze der niedersächsischen Partei agierenden »Fachmenschen« oder politischen »wheeler-dealern« solche Agitation doch eher fernlag. Wenn der politische Machtwille aber nur in Ausnahmefällen in handfeste ideologische oder programmatische Formeln und Handlungsoptionen gegossen wird, entzieht das der ernsthaften politischen Auseinandersetzung die Grundlage und macht die Welt zu einer Arena des Schattenboxens zwischen Lichtgestalten einerseits, Dummerjanen und Bösewichten andererseits. Dafür boten die propagandistischen Äußerungen Ronald B. Schills im Hamburger und im niedersächsischen Wahlkampf, in gemäßigterer Form auch diejenigen der niedersächsischen Spitzenkandidaten bei ihren öffentlichen Auftritten reichlich Anhaltspunkte.

---

63 Als der Landesvorsitzende Salzmann im Interview mit der Projektgruppe auf diesen mehrere Minuten dauernden Vorgang angesprochen wurde, konnte/wollte er sich dessen nicht erinnern, dem aber »nachgehen«. Von einem Ergebnis ist nichts bekannt geworden.

Vom Standpunkt der Erwartungen der Partei an den Wahlerfolg erwies es sich als entscheidendes Manko, dass keiner der niedersächsischen Spitzenkandidaten den »Retter« verkörpern konnte, als der Schill im historischen Blitzlicht der Hamburger Bürgerschaftswahl für einen Moment unter singulären Bedingungen erschienen war. Vor der Wahl in Niedersachsen, aber schon nach der für Schill bundesweit und auch in Hamburg enttäuschend verlaufenen Bundestagswahl 2002 hielten noch 85 % der niedersächsischen Kandidaten (soweit sie auf die Umfrage antworteten) die Person Schills für »sehr wichtig« oder »wichtig« zum Erfolg der Partei. Nach der für die P.R.O. verlorenen Landtagswahl waren es unter den Mitgliedern immerhin noch 66 %, obwohl nur noch 56 % die bundesweiten Chancen der Partei als »längerfristig aussichtsreich« ansahen. Um die Jahreswende 2002/03 galt Schill, der in der Zwischenzeit seine Funktion als Bundesvorsitzender zugunsten seines bisherigen Stellvertreters, des Hamburger Bausenators Mario Mettbach (ehemals CDU, dann STATT-Partei) geräumt hatte, im niedersächsischen Landesvorstand als »verbraucht«, und der unermüdliche Lars Seemann strickte trotz des Austritts zahlreicher Mitglieder um ihn herum an einer bundesweiten Neuauflage des »Maschener Kreises«, diesmal aber ohne jede Berufung auf den »Oberquerulanten« Schill. Dieser sei »nur und allein durch sein Querulantendasein überhaupt erst von den Medien wahrgenommen worden«. Nur ohne ihn könne »der weitere Weg mit den Abenteurern, Desperados und politischem Abschaum« gestoppt werden.[64]

Ob zu diesem Haufen just die zu zählen sind, die nach dem jähen Abgang Schills am 19.08.03 als Hamburger Innensenator – der immerhin die aparte Qualität seiner ersten Auftritte auf der politischen Bühne bestätigte – die Hamburger Koalition und die bundespolitische Existenz der Partei zu bewahren suchen, braucht an dieser Stelle nicht entschieden zu werden. Viel spricht dafür, dass ihr weiterer Weg schon binnen kurzem in jenes politische Unterholz führen wird, wo sich die »Zwerge am rechten Rand«

64 Aus einem Rundschreiben Lars Seemanns nach dem Bremer Parteitag (forwarded an WK am 27.02.03), für das er eine »überwältigende Resonanz« reklamiert.

(Leggewie) tummeln. Daran wird eine vom niedersächsischen Landesvorsitzenden Salzmann nun geforderte »Neuausrichtung« der Partei auf der Schiene der Sammlung »aller Protestpotentiale« durch eine »bürgerliche Systemkritik« wenig ändern.[65] Die »winning formula« für eine von rechts außen kommende Partei muss in Deutschland erst noch gefunden werden. Ein Schill machte da noch keinen Sommer.[66]

---

65 *Hannoversche Allgemeine Zeitung* vom 20. 08. 03.

66 Das gilt selbst nach der Wahl in Bremen vom 25. Mai 2003, wo die »Schill-Partei« immerhin 4,3 % erreichte, weil sie sich erneut im Terrain eines Stadtstaates bewegte und sich dort in einer Art Anti-Konkordanz-Effekt gegen die große Koalition aus SPD und CDU profilieren konnte.

Rechtsradikalismus in den USA – ein Vergleich

von Christiane Lemke

Der amerikanische Rechtsradikalismus ist eine vielschichtige und schillernde politische Erscheinung. In ihrer Studie über den amerikanischen Rechtsradikalismus wiesen Seymour Martin Lipset und Earl Raab (1978) bereits darauf hin, dass Rechtsradikalismus kein »europäisches Phänomen« ist, sondern dass er auch in den USA tiefe historische Wurzeln hat. Aus der vergleichenden Perspektive ergibt sich aus ihren Studien, dass die amerikanische politische Kultur der radikalen Rechten sogar einen stärkeren Boden bietet, als dem eher für Europa typischen verbreiteten Linksextremismus. Ihre Analyse des Rechtsradikalismus fand seinerzeit vor dem Hintergrund des Aufstiegs der rechtsradikalen »Independence Party« von George Wallace große Aufmerksamkeit, da diese im Präsidentschaftswahlkampf 1968 überraschend hohe Zustimmung gefunden hatte und die These von der dominanten liberalen Tradition in der amerikanischen politischen Kultur nachhaltig erschütterte. Wie sich zeigte, konnte die Wallace-Partei nie nationalen Einfluss geltend machen, allerdings blieb das Problem des Rechtsradikalismus als Begleiterscheinung der raschen Modernisierung erhalten. In der heutigen wissenschaftlichen Auseinandersetzung steht dabei vielfach die Frage im Vordergrund, wie einflussreich die Neue Rechte, trotz des Fehlens einer nationalen rechten Partei, auf die amerikanische Politik und die amerikanische Regierung ist (vgl. z. B. Leggewie 1999; Minkenberg 1998).

Wie ich im folgenden zeigen möchte, kommen die Besonderheiten der Geschichte und der politischen Kultur der USA bei der Analyse des Rechtsradikalismus besonders deutlich zum Ausdruck. Der »American Exceptionalism« zeigt sich sowohl auf der Ebene rechtsradikaler Ideologien und Deutungsmuster, als auch in den Organisationsformen rechter radikaler Strömungen.

Christiane Lemke

Begriffliche und gesellschaftliche Einordnung

Der amerikanische Rechtsradikalismus ist außerordentlich facettenreich. Konzeptionell und analytisch lässt er sich mit den Interpretationsmustern, die aus der europäischen Erfahrung gewonnen wurden, nur unzulänglich fassen. Im Kern beruft er sich in politisch-kultureller Dimension auf religiös-fundamentalistische Positionen. In gesellschaftspolitischer Hinsicht ist er extrem traditionell, z. B. in der Hervorkehrung dichotomischer Geschlechtsrollenstereotype, und die Betonung von »family values« weist Schnittflächen mit dem Neokonservativismus auf. In der wirtschaftspolitischen Dimension ist der Rechtsradikalismus auf ein neoliberales Konzept fixiert. Allerdings finden sich auch patriotisch-protektionistische Strömungen als Reaktion auf die Globalisierung, die auch in den USA mit erheblicher sozialer Verunsicherung einhergeht und dem Rechtsradikalismus Auftrieb gegeben hat. Die rechtsextreme Variante des rechten Spektrums ist zudem systemfeindlich und gewaltbereit; sie verkörpert die Pathologie einer zunehmend komplexen Gesellschaft, wobei die militante Ideologie des Rechtsextremismus in eine hochmoderne Struktur eingebunden ist.

In meinem Beitrag unterscheide ich begrifflich zwischen rechtsradikalen Gruppierungen und dem Rechtsextremismus. Michael Minkenberg fasst diese Differenz folgendermaßen: »Als rechtsextrem werden diejenigen politischen Bestrebungen, Kräfte, Parteien bezeichnet, die gezielt auf die völlige oder weitgehende Abschaffung der in der Verfassung niedergelegten demokratischen Spielregeln hinarbeiten und dabei auch bereit sind, verfassungswidrige Mittel einzusetzen (Gewaltakzeptanz). Rechtsradikalismus schließt demgegenüber auch Kräfte oder Bestrebungen ein, die die geltende demokratische Ordnung als solche nicht in Frage stellen, jedoch durch Rückgriff auf den ultranationalistischen Mythos eine Radikalisierung nach rechts und damit eine Revision der Verfassungswirklichkeit bzw. einzelner Normen anstreben.« (Minkenberg 1998: S. 34) Analytisch kann unter vergleichender Perspektive bei der Entstehung und Entwicklung des Rechtsradikalismus unterschieden werden zwischen a) Parteien bzw. Wahlkampfgruppen, b) sogenannten Bewegungsorganisationen und c) dem subkulturellen Milieu der Rechten. Ein wesentlicher

Unterschied zu europäischen Ländern – beispielsweise Deutschland und Frankreich – besteht darin, dass die parteiförmig organisierte Rechte in den USA eher schwach ausgeprägt ist (Minkenberg 1998: S. 246). Charakteristisch ist für die USA vielmehr die bewegungsförmige Rechte. Dem fragmentierten politischen System entspricht die starke Bewegungskultur; die USA sind bezüglich der neuen sozialen Bewegungen auch als »Laboratorium sozialer Bewegungen« (Kitschelt) bezeichnet worden. Dieses widerspiegelt sich auch in den dominanten Organisationsmustern der Rechten.

Seit Mitte der 1960er Jahre hat sich das rechtsradikale und rechtsextremistische Spektrum der amerikanischen Gesellschaft stark verändert. Die Rechte hat sich von einer durch rassistische Organisationen geprägten Bewegung zu einem religiös-fundamentalistisch dominierten Bewegungsmilieu verändert. Studien aus den 1990er Jahren zeigen, dass die religiöse Rechte innerhalb der Neuen Rechten in den USA dominant ist (Minkenberg 1996: S. 245). Zur dieser Radikalen Religiösen Rechten (RRR) werden eine Vielzahl von Vereinigungen gezählt, wie wertkonservative Familien- und Frauengruppen (»Concerned Women for America«), religiös-fundamentalistische Bibelgruppen, neo-Nazi-Organisationen, Holocaust-Leugner und (militant) antihomosexuelle Gruppen. Auf verschiedenen Ebenen der Gesellschaft hat der Einfluss dieser religiösen Rechten erheblich zugenommen, so beispielsweise in den Elternbeiräten von Schulen und Bezirksausschüssen, in Medien und öffentlichen Institutionen, sowie auch unter den Gruppen, die Lobbyarbeit in Parlamenten und Regierungskommissionen betreiben. Beobachtungen der Wahlkämpfe zu den Präsidentschafts- und Kongresswahlen der letzten Jahre zeigen, dass religiöse, rechte Vereinigungen besonders aktiv und einflussreich waren, und zwar vor allem in der Republikanischen Party. Aus diesen Beobachtungen ist deshalb gefolgert worden, dass der Rechtsruck in der amerikanischen Politik primär auf den gewachsenen Einfluss der religiöse Rechten zurückzuführen ist (Leggewie 1997).

Der gegenwärtige Rechtsradikalismus geht aus demselben, den liberaldemokratischen Konsens speisenden Kulturerbe hervor, nach dem die »American Creed« auf der Überzeugung einer homogenen, die Amerikaner charakterisierenden Freiheitsliebe beruht. Zum tieferen Verständnis des heutigen Rechtradikalismus ist allerdings seine Genealogie als »Gegen-Gegenbewegung« kennzeichnend. Das bedeutet, der Rechtsradikalismus reagiert auf die neuen sozialen Bewegungen, die sich seit den 1960er Jahren für die Gleichstellung der Schwarzen, für Frauenrechte und *affirmative action,* sowie Minderheitenrechte und die »gay rights« eingesetzt haben. In dem daraus entstandenen gesellschaftlichen »Kulturkampf« ringt die radiakle Rechte erbittert um die Rückeroberung von Interpretationsmustern und Definitionsmacht. Erstes Zeichen des »whitelash« (Lipset) war die relativ erfolgreiche Kandidatur von George Wallace, der mit seiner Independence Party 1968 den größten Wahlerfolg einer »third party« in der Geschichte der USA erzielen konnte. Die während der Reagan-Ära selbsternannte »Moral Majority« sowie die »Christian Coalition«, die in den 1990er Jahren politische Wahlkämpfe unterstützt und auf verschiedenen Ebenen Lobbyarbeit betrieben hat, sind weitere solcher bewegungsförmigen »Kulturkampf«-Gruppen.

Darüber hinaus besteht in den USA eine stark fragmentierte, teils bizarre und schillernde Subkultur von militanten und extremistischen Gruppen der Rechten; Beispiele sind Milizen verschiedenster Art, Organisationen wie die »Aryan Nation« oder der »Ku-Klux-Klan«.

1998 zählte das Southern Poverty Law Center immerhin 508 rechtsextreme Gruppen (1997 waren es 462) (vgl. Grumke 2001: S. 83).

Historische Wurzeln und Einordnungen

Während der ersten Hochphase rechtsradikaler Aktivitäten in den 1920er Jahre blieben die USA nicht unbeeinflusst von den Ereignissen und Entwicklungen auf dem europäischen Kontinent. Die Russische Revolution rief eine Art Massenhysterie in Amerika hervor, die »Red Scare«, die Angst vor den »Roten«, griff um sich und der Antikommunismus wurde zum prägenden Element der amerikanischen politischen Kultur. Obwohl sich in dieser Zeit auch eine aktive Gewerkschafts- und Arbeiterbewegung in den USA herausbildete, die den europäischen Bewegungen an Kampfkraft nicht nachstand, blieb das sowjetische Modell der Linken fremd und unattraktiv (vgl. Lipset/Marks 2000). Für die Rechte wurde die Russische Revolution zum Sinnbild fremdgesteuerter, sozialistischer Unkultur; sie behauptete, eine jüdisch-kommunistische Verschwörung sei der Hintergrund für die Revolution in Russland 1917 gewesen. Bizarre Organisationen schossen aus dem Boden: Exil-Russen gründeten beispielsweise in Connecticut 1933 eine russisch-faschistische Partei (All Russian Fascist Party), die allerdings keine Massenbasis fand. – Anders der italienische Faschismus. Nach der Machtübernahme Mussolinis in Italien 1922 fand der italienische Faschismus auch in Amerika glühende Anhänger. Es kam zur Gründung einer Faschistischen Liga in New York, die ihren Einfluss unter den immerhin viereinhalb Millionen Amerikanern italienischer Herkunft geltend machen konnte. Selbst nach der gerichtlich erzwungenen Auflösung der Liga vermochte die faschistische Bewegung – ganz im Sinne des von Gramsci analysierten Kampfes um Hegemonie – über eine Vielzahl von Bruderschaften der italienischen Einwanderer (»Sons of Italy«) sowie über Kultur- und Geschichtsvereine Einfluss zu behalten. Noch 1935 gelang es ihr, 1000 Freiwillige aus den USA für die Invasion Italiens in Äthiopien zu rekrutieren (Kaplan/Weinberger 1998: S. 27). Allerdings provozierte diese Aktion eine Untersuchung durch das inzwischen gegründete »House Committee on Un-American Activities«, einem Ausschuss des Repräsentantenhauses zur »Untersuchung Un-Amerikanischer Aktivitäten«, der bereits lange vor der berüchtigten McCarthy-Ära vermeintlich radikale Personen und Gruppen ins Visier nahm.

Größte Besorgnis lösten die Aktivitäten der Nationalsozialisten in den 1930er Jahren aus. Schon 1924 hatte sich in Chicago der »Teutonische Verein« gegründet, der allerdings nie größeren Zulauf fand und sich bald wieder auflöste. Mehrere Versuche der Nationalsozialisten, nach der Machtergreifung Hitlers in den USA Fuß zu fassen, waren nur von kurzer Dauer (z. B. über den Bund »Friends of the New Germany«). Kaplan und Weinberger berichten in ihrer Studie, dass Jüdische Organisationen, wie z. B. das »American Jewish Committee«, verschiedentlich auch Protestaktionen gegen die amerikanischen Naziorganisationen organisierten, teilweise unterstützt von Gewerkschaftsverbänden (Kaplan/Weinberger 1998). Im Unterschied zu diesen faschistischen und nationalsozialistischen Initiativen, die sich vor allem an die deutsch- bzw. italienischstämmige Bevölkerung in den USA richteten und die relativ leicht als »auswärtige Einmischungen« abgewehrt sowie vom amerikanischen Justizministeriums verfolgt werden konnten, waren einheimische rechtsextreme Gruppen (»native fascism«) relativ erfolgreich. Die sozialen Verunsicherungen während der Wirtschaftskrise (»Great Depression«) der dreißiger Jahre boten einen Nährboden für verschiedene Aktivisten der Rechten. Im Vergleich zu europäischen Ländern sind die USA allerdings historisch betrachtet ein »latecomer«, denn es zeigt sich eine zeitliche Verzögerung in der Herausbildung einer einheimischen nationalsozialistischen Bewegung. Von einem amerikanischen Nationalsozialismus lässt sich erst nach dem 2. Weltkrieg sprechen (vgl. Grumke 2001: S. 54). Hierbei spielt die »American Nazi Party« von George Lincoln Rockwell eine zentrale Rolle, und im Unterschied zum Nachkriegseuropa, konnten amerikanische Nazi-Organisationen relativ ungebrochen, wenn auch randständig, fortexistieren. Heute sind zwei ideologische Versionen des amerikanischen Nationalsozialismus zu unterscheiden, und zwar die international operierende, sog. »pan-arische Organisation« von Gary Lauck als Führer der NSDAP/AO, die eine offene Hitler-Verehrung betreibt, und eine »amerikanische« Variante des Nationalsozialismus in Form der »National Alliance«, die sich in einem antisemitischen Rassenkrieg wähnt. Beide Varianten lehnen die Bundesregierung ab, bzw. treten offen für deren Bekämpfung ein. Eine weitere Variante des Nationalsozialismus ist die äußerst aggressive Gruppe »White Aryan Resistance« (WAR), die von Tom Metzger angeführt wird, faktisch aber aus einer bunten Mischung aus Skinheads, Paganisten, ehemaligen Trotzkisten und sogar Satanisten besteht (Grumke 2001). Während die beiden ersten Organisationen beispielsweise den Holocaust leugnen, ging für diese Gruppe der Holocaust nicht weit genug. Sie ruft offen zur Gewalt gegen eine vermeintliche »jüdisch-kapitalistische Konspiration« auf und bezeichnet die Bundesregierung als zionistisch okkupiert (»Zionist Occupied Government«).

Ideologie und Symbolik

Der Rechtsradikalismus knüpft an historisch-politische Traditionen der amerikanischen Geschichte an, radikalisiert bestehende Konfliktlinien und entlehnt seine kulturelle Symbolik in der Regel aus der amerikanischen politischen Kultur. Modernisierungstheoretisch betrachtet entspringt der Rechtsradikalismus nicht aus der Verelendung oder Deprivation von Bevölkerungsschichten, sondern aus der Ideologisierung historischer und gesellschaftlicher Konfliktlinien.

Eine Besonderheit des amerikanischen Rechtsradikalismus ist dabei zum einen die Polarisierung um die Rassenfrage. Offener Rassismus ist heute in den USA zwar illegitim und illegal; subtile Formen des Rassismus sind aber durchaus vorhanden. Rassistisch kodierte kulturelle Deutungsmuster sind für die Verbreitung rechter Ideologien typisch und werden von rechte Gruppierungen gezielt eingesetzt, um Deutungsmuster in der Gesellschaft zu dominieren und Definitionsmacht zu erlangen. Selbst in Präsidentschaftswahlkämpfen sind wiederholt rassistische Codes und Stereotype eingesetzt worden, die einen breiten öffentlichen Protest auslösten.

Vor allem die extreme Rechte hat ihren Ursprung in der die Nation tief spaltenden Rassenfrage, die seit der Mitte des 19. Jhrdt. zur bestimmenden gesellschaftlichen und politischen Konfliktlinien geworden ist. Der Rechtsextremismus wird daher zunächst vor allem mit der rassistischen Organisation des Ku-Klux-Klan in Verbindung gebracht, der – nach einem ursprünglichen Verbot von 1870 – im Jahr 1915 in Georgia wiedergegründet wurde und bis heute aktiv ist. Ursprünglich war der Klan von weißen Südstaaten-Radikalen als Reaktion auf die Sklavenbefreiung durch die Bundesregierung gebildet worden, die die Klan-Anhänger mit brutalen und gewalttätigen Mitteln bekämpften. Ideologische Grundlage bildete der Glaube an die Überlegenheit der »weißen Rasse« (white supremacy). Die Wiedergründung des Klans im Jahr 1915 richtete sich dann vor allem gegen die neuen Einwanderer, die während der raschen Industrialisierung in die USA strömten. Der vor allem konspirativ und geheimbündlerisch geführte Kampf des Klans galt sowohl den asiatischen als auch den jüdischen Einwanderern. Nativismus, demzufolge sich die »natives« – weiße, protestantische – Einheimische gegen die »aliens«, oder Einwanderer wehren müssten, so die Ideologie, um den »racial suicide«, den vermeintlichen »Selbstmord« ihrer Rasse zu verhindern, sowie ein stark ausgeprägter Antisemitismus sind für den Klan charakteristisch; heute vertritt der Klan dementsprechend eine radikale Anti-Immigrationspolitik.

Historisch interessant ist, dass der Ku-Klux-Klan in seiner Blütezeit in den 1920er Jahren mit seiner anti-semitischen Ideologie selbst in der Weimarer Republik Bewunderer fand, wie Kaplan und Weinberger in ihrer Studie über die wechselseitige Beeinflussung des amerikanischen und europäischen Rechtsextremismus bemerken. So reiste der protestantische Pfarrer Otto Strohschein, ein Klanmitglied, beispielsweise 1923 nach Berlin, um die Techniken des Klans für die Verfolgung und Vernichtung von Juden in Deutschland zu propagieren (Kaplan/Weinberg 1998). – Seit den 1980er Jahre hat die Mitgliedschaft dieser ältesten rechtsextremen Organisation allerdings beständig abgenommen; er ist ideologisch stark zersplittert und politisch nahezu bedeutungslos. Nach Schätzungen der Anti-Defamation League, einer wichtigen zivilgesellschaftlichen Organisation, beträgt die Zahl der Mitglieder heute nur noch ca. 2 500 bis 3 000 Personen (vgl. Grumke 2001: S. 155).

Allerdings versuchen rassistische Gruppierungen wie der Klan immer wieder Einfluss auszuüben. Nach dem 11. September 2001 sind rechte Organisationen beispielsweise wiederholt mit anti-semitischen Äußerungen an die Öffentlichkeit getreten. David Duke, ehemaliger Anführer der »Knights of the Ku-Klux-Klan« und derzeit amtierender Vorsitzender einer rechten Organisation »European American Unity and Rights Organization (EURO)« vertritt beispielsweise die abstruse These, dass der israelische Geheimdienst Mossad die Terroranschläge auf das World Trade Center und das Pentagon vorbereitet und ausgeführt habe, vor allem um vom israelisch-palästinensischen Konflikt abzulenken. Als »Beweis« führen Duke und Gleichgesinnte an, dass circa 4 000 jüdische Angestellte des World Trade vor dem Anschlag eine Warnung vom Mossad erhalten hätten und deshalb kaum jüdische Opfer zu beklagen seien. Mit dieser abenteuerlichen Behauptung findet Duke bei seinen Reisen in arabische Länder und bei einigen der dortigen Medien aufgrund der anti-semitischen und anti-israelischen Position Gehör.

Eine weitere Besonderheit der amerikanischen Rechten ist die radikale Ablehnung von Staatlichkeit bzw. des Bundesstaates in Washington D. C. Es ist kennzeichnend für den amerikanischen Rechtradikalismus, dass er die liberale Demokratie radikal, und am extrem Rand auch gewaltbereit, ablehnt und die amerikanische

Bundesregierung (Federal Government) bekämpft. Hier unterscheidet sich der amerikanische Rechtsradikalismus deutlich von der europäischen radikalen Rechten, für die der starke, autoritäre Staat ein wesentliches, weil historisch erfahrenes, politisches Orientierungsschema darstellt. In den USA wird staatliche Regulierung dagegen von der radikalen Rechten grundsätzlich abgelehnt, denn sie wird zum einen mit der Politik der Aufhebung von Sklaverei und der Rassentrennung im 19. bzw. 20. Jahrhundert in Verbindung gebracht, zum anderen steht der Bundesstaat auch für die Einführung und Unterstützung nationaler Wohlfahrts- und Sozialprogramme, die von der radikalen Rechten vehement abgelehnt werden. – In der extremen Form zeigt sich das Misstrauen gegen den Staat in der Gewaltbereitschaft und der Berufung auf die Milizen-Tradition, in der das Recht von Individuen Waffen (aller Art) zu tragen behauptet wird (vgl. Lösche 1997: S. 84 f.). Ein extrem libertärer Individualismus dient der Rechtfertigung von Widerstand und Gewalt gegen einen vermeintlich »zionistisch« beherrschten, übermächtigen Staat. Er rechtfertig nicht nur Waffenbesitz, sondern im extremen Fall auch Terrorakte. Die Gewaltbereitschaft – »bullets vs ballots« – ist in der amerikanischen Rechten weit verbreitet. Der Rechtsextremismus überhöht dabei historisch-politische Erfahrungen aus der Zeit des Unabhängigkeitskrieges bzw. der Nationenbildung als Mittel im vermeintlichen »Krieg« gegen die politischen und institutionellen Grundlagen des pluralistischen Demokratiemodells.

Als weitere, wichtige Besonderheit der amerikanischen Rechten sticht der starke Einfluss religiös- fundamentalistischer Deutungsmuster hervor, die für rechte Ideologien prägend geworden sind. Religion gehört zum Begründungsmythos der »American Creed«, der Überzeugung einer religiösen Auserwähltheit, die die radikale Rechte als Rechtsfertigungsideologie bemüht. Dabei tritt der Protestantismus fundamentalistischer Orientierung weitaus häufiger als Bezugsrahmen rechtsradikaler Gruppen auf, als andere Religionen. Die christliche Rechte verfügt heute über eine Vielzahl von Organisationen und Einrichtungen, mit denen sie gezielte Lobby- und Öffentlichkeitsarbeit betreibt, Wahlkämpfe mitfinanziert und Kandidaten unterstützt. Eine wichtige Rolle spielt dabei u. a. die Telekirche (vgl. Albrecht 1993). Schätzungen sprechen von 4 Millionen Mitgliedern, die insgesamt in radikalen christlichen Organisationen erfasst sind. Mark Rozell und Claude Wilcox (1994) benennen in ihrer Studie vier große Organisationen der christlichen Rechten: Christian Coalition, Focus on the Family (Leiter: James Dobson; auf 2 000 lokalen Radiosendern präsent), Concerned Women for America, National Right to Life Committee. Hinzu kommen zahlreiche weitere lokale und grass-roots Gruppierungen. Unter diesen Organisationen stellt die »Christian Coalition« seit den neunziger Jahren die bedeutendste, politisch aktive Bewegung dar. 1992 wurde der Mitgliederbestand noch mit 250 000 Personen angegeben (Wersich, USA-Lexikon); Ende der 1990er Jahre hatte sie nach Schätzungen amerikanischer Autoren bereits eine Million Mitglieder; 1,8 Millionen waren Haushalte auf dem Post-Verteiler. Nach eigenen Angaben hatte die »Christian Coalition« zu diesem Zeitpunkt sogar 1,7 Millionen Mitglieder und rund 2 000 Zentren im gesamten Gebiet der USA. Neben einem Netzwerk an Organisationen betreibt die »Christian Coalition« eine Telekirche und mehrere private, religiöse Radiosender und verfügt damit über ein Imperium der öffentlichen Meinungsbildung (vgl. auch Rozell/Wilcox 1994). Ein politisches Druckmittel der Rechten sind sogenannte »ratings«, die regelmäßig veröffentlicht werden, um Abgeordnete, Senatoren und andere politische Repräsentanten auf ihre politische Position zu bestimmten Streitfragen abzuklopfen und zu bewertet. Politischer Einfluss wird besonders über die Finanzierung von Wahlkämpfen ausgeübt.

Stark ausgeprägt sind religiös begründete Ideologien auch im Rechtsextremismus; ein Beispiel ist die subkulturell organisierte extremistische Gruppierung »Christian Identity« (vgl. auch Grumke 2001). Diese rechtsextreme Organisation präsentiert sich als Religion, konstruiert aber eine rassistische Ideologie auf Basis einer religiösen Deutung. Charakteristisch ist auch das kultische Milieu, in dem sich die Gruppierung und in deren Anhänger bewegen. Die CI, die seit den 1940er Jahren existiert und ca. 50 000 Anhänger hat, lehrt, dass weiße Arier direkte Nachfahren biblischer Stämme Israels seien. Juden hätten danach keinerlei Verbindung zu Israeliten, sondern sind »Kinder des Teufels«, die aus einer sexuellen Verbindung Evas mit dem Satan hervorgegangen seien sollen. Die biblische Berufung wird mit einer archaischen Rassenbiologie verknüpft, nach der die wahren Arier eine »arische Nation« (»Arian Nation«) bildeten. Diese hätten auf der Erde das »Werk Gottes« zu verrichten. Einer satanisch-jüdischen Konspirationstheorie folgend, stehe die Erde am Rande eines apokalyptischen Kampfes zwischen Gut und Böse. Die Bundesregierung sei danach unrechtsmäßig von »Zionisten« beherrscht (»Zionist Occupied Government«). In der Praxis führt der gezüchtete Hass auf die Bundesregierung dazu, dass die Anhänger der CI sich beispielsweise weigern Steuern zu zahlen, Ausweispapiere oder eine Sozialversicherungsnummer zu führen (»Mark of the Beast«). (Vgl. Internet-Seite der »Church of Jesus Christ/Aryan Nations«)

Staat und Gesellschaft vor neuen Herausforderungen

Vergleicht man die amerikanische Entwicklung mit europäischen Ländern, so fällt die Abwesenheit einer nationalen rechtsradikalen Partei auf. Stark ausgeprägt ist dagegen die bewegungsförmige Ausbreitung des Rechtsradikalismus und die extremistische gewaltbereite Subkultur. Als politische Partei hat sich der Rechtsradikalismus, vor allem auf nationaler Ebene nicht etablieren können. Minkenberg gibt zwar an, dass es einem Handbuch zufolge Mitte der 1980er Jahre mindestens 18 rechtsradikale oder rechtsextreme Parteien gab, die meisten von ihnen seien aber obskure faschistische oder rassistische Organisationen (Minkenberg 1998: S. 246). Nur wenige Politiker auf der nationalen Ebene entstammen dem rechtsradikalen oder gar rechtsextremen Milieu. Eine der wenigen Ausnahmen ist David Duke, ehemaliger Neo-Nazi und Klan-Mitglied, der 1988 für die Populist Party als Präsident kandidierte, aber kaum Stimmen erhielt, kurze Zeit darauf aber für die *Republican Party* Mitglied im Abgeordnetenhaus von Louisiana wurde und später bei Gouverneurswahlen kandidierte. Allerdings hat der Einfluss rechter und neokonservativer Strömungen innerhalb der Republikanischen Partei, vor allem im Süden und Westen der USA, erheblich zugenommen. Die derzeit regierende Republikanische Partei wurde dadurch bereits in innere Auseinandersetzungen zwischen einer eher liberalen und der neokonservativen und rechten Strömung gezogen, ein Konflikt, der sich im

Präsidentschaftswahlkampf zeigt, da Parteien in den USA vor allem als Wahlkampforganisationen fungieren und keine Programmparteien im europäischen Sinn sind.

In der stark ausdifferenzierten amerikanischen Gesellschaft stellt die radikale Rechte ein weit verzweigtes Phänomen dar, dass sich vor allem in bewegungsförmigen Gruppierungen sowie in einem subkulturellen Milieu mit vielfachen personellen Verflechtungen konstituiert. Die Bedeutung für Politik und Regierung sollte aufgrund dieser Zersplitterung nicht überschätzt werden, zumal es im fragmentierten amerikanischen politischen System kaum zu einer »Machtübernahme« rechtsradikaler oder gar faschistischer Organisationen im Sinne eines Staatsstreichs kommen kann. Öffentlichkeit und Zivilgesellschaft bilden zudem Gegengewichte zu radikalen Organisationen und deren Politik, die breiten Bevölkerungsschichten historisch fremd und suspekt ist. Allerdings bleibt die radikale Rechte angesichts der zunehmenden Verunsicherung durch internationalen Terror, Globalisierung und Wertewandel eine sehr ernst zu nehmende Strömung. Vor allem die Bedeutungszunahme von Medien und der gestiegene Einfluss konservativ-christlicher und rechter Fernsehsender sowie der Vertrauensverlust in die nationalen politischen Institutionen begünstigen Monismus und Moralismus, die schon Lipset und Raab als Nährboden rechtsradikaler Ideologien bezeichnet haben (Lipset/Raab 1978).

Ein besonders ernstes Problem bleibt auch die Gewaltbereitschaft der extremen Rechten. Hinsichtlich der Anzahl rechtsradikaler oder rechtsextremer Organisationen sowie für rechtsextrem motivierte Gewalt gibt es in den USA keine staatlichen Datenerhebungen (wie z. B. in Deutschland durch den Verfassungsschutz). Das Center for Democratic Renewal gab an, dass es 1996 rund 25 000 Rechtsextremisten gab, dazu kommen ca. 150 000–175 000 Sympathisanten, die Geld spenden oder Treffen besuchen. Ein »Hate Crime Statistics Act« von 1990 legt zwar fest, dass Gewalttaten mit rassistischem Hintergrund in einem jährlichen Bericht zu veröffentlichen sind und 46 Staaten haben inzwischen Gesetze gegen »hate crimes« erlassen (Grumke 2001: S. 221). Die Berichte geben jedoch keinen Aufschluss über die ideologische Ausrichtung der Täter. So war nach dem rechtsextremistisch motivierten Bombenanschlag von Oklahoma

City am 19. April 1995 die Zahl der rechtsextremistisch motivierten Morde bereits in den Jahren zuvor stetig angestiegen (von sieben 1989 auf 30 im Jahr 1993). Das Southern Poverty Law Center listet in der Zeit zwischen dem Anschlag von Oklahoma City 1995 bis zum März 1998 insgesamt 26 rechtsextrem motivierte schwere Straftaten, darunter 17 geplante Bombenanschläge, zumeist auf Regierungseinrichtungen. In der Bekämpfung von Rechtsextremismus und Gewalt zeigt der amerikanische Staat – zumindest bis zum 11. September – allerdings eine geringe Steuerungsfähigkeit. Die Aufgabe, rechter Gewalt präventiv entgegenzutreten, wird vorwiegend gemeinnützigen und privaten Organisationen übertragen. Die Zivilgesellschaft fungiert als Gegenwicht: Aufklärung und Kontrolle erfolgten vor allem durch die investigative und präventive Arbeit zahlreicher zivilgesellschaftlicher Gruppen und Einrichtungen, wie der Anti Defamation League (ADF), dem Southern Poverty Law Center u. a.

Eine neue Herausforderung besteht in der globalen Vernetzung der neuen Rechten und der Verbreitung rechtsradikaler und rechtsextremistischer Ideologien durch das Internet. Die »Anti-Defamation League« und andere Gruppen warnen bereits seit einiger Zeit vor einer rechtsextremistischen »electronic community of hate« im Internet (so die Website der ADF). Die Rechte hat im Cyberspace eine neue Betätigungsweise gefunden, in der sie hochmoderne Kommunikationsmittel global einsetzen. Genutzt wird dabei die Offenheit des Internets, das kaum zu regulieren und von außen auch in solche Länder Informationen und Propaganda schleusen kann, in denen die Verbreitung nationalsozialistischen und rassistischen (volksverhetzenden) Gedankenguts illegal ist. Bekannt wurde dies im Fall der NPD-Website, die von dem amerikanischen Rechtsradikalen Gary Rex Lauck betrieben wurde.

Der amerikanischen Rechtsradikalismus hat historisch betrachtet zyklische Phasen der Bedeutungszu- und abnahme durchlaufen. Sein Einfluss beruht darauf, dass er sich auf Grundmuster der politischen Kultur beruft und von den vergleichsweise großen Spielräumen der Interessenartikulation in der amerikanischen Gesellschaft profitiert. Die wachsenden gesellschaftlichen Unsicherheiten der Globalisierung gepaart mit einer fortschreitenden Erosion des Vertrauens in die amerikanischen politischen Institutionen bieten derzeit eine fruchtbaren

Nährboden für die radikale Rechte. So bleibt der Rechtsradikalismus ein virulentes amerikanisches Problem.

Literatur

Albrecht, Horst (1993): Die Religion der Massenmedien, Stuttgart

Betz, Hans-Georg (1994): Radical Right-Wing Populism in Western Europe, New York: St. Martint's Press

Grumke, Thomas (2001): Rechtsextremismus in den USA, Opladen: Leske und Budrich

Kaplan, Jeffrey/Weinberg, Leonard (1998): The Emergence of a Euro-American Radical Right, Rutgers NJ: Rutgers University Press

Kitschelt, Herbert (1995): The Radical Right in Western Europe, Ann Arbor: University of Michigan Press

Leggewie, Claus (1997): America first. Der Fall einer konservativen Revolution, Frankfurt a. M.: Fischer

Lipset, Seymour M. (1996): American Exceptionalism. A Double-Edged Sword, New York, London

Lipset, Seymour Martin/Raab, Earl (1970): The Politics of Unreason. Right-Wing Extremism in America, New York: Harper and Row

Lipset, Seymour M./Marks, Gary (2000): It Didnt't Happen Here. Why Socialism Failed in the United States, New York/London: Norton

Lösche, Peter (1997): Die Vereinigten Staaten. Innenansichten, Hannover: Fackelträger Verlag

Minkenberg, Michael (1998): Die neue radikale Rechte im Vergleich, Opladen

Minkenberg, Michael (1996): »Die amerikanische konservative Revolution. Radikale Rechte und Republikanische Partei am Ende des Jahrhunderts«, in: APUZ B 43/1996, S. 45–53

Rozell, Mark J./Wilcox, Clyde (Hrsg.) (1994): God at the Grassroots. The Christian Right in the 1994 Elections, Lanham: Rowman und Littlefield

Autoren

Michael Buckmiller, geb. 1943, Dr. phil, Professor für Politische Wissenschaft an der Universität Hannover

Klaus Christoph, geb. 1936, Professor für Politische Wissenschaft an der Universität Hannover

Wolfgang Kreutzberger, geb. 1939, Dr. phil., bis 2003 Akademischer Direktor am Institut für Politische Wissenschaft

Christiane Lemke, geb. 1951, Dr. phil., Professorin für Politische Wissenschaft an der Universität Hannover

Joachim Perels, geb. 1942, Dr. iur., Professor für Politische Wissenschaft an der Universität Hannover

Samuel Salzborn, geb. 1977, Dipl. Sozialwissenschaftler, Doktorand in Köln, Lehrbeauftragter an der Justus Liebig Universität Giessen

Gert Schäfer, geb 1941, Professor für Politische Wissenschaft an der Universität Hannover

Backlist. Aus dem Programm:

Samuel Salzborn
Heimatrecht und Volkstumskampf
Außenpolitische Konzepte der Vertriebenenverbände und ihre praktische Umsetzung
ISBN 3-930345-28-5 304 Seiten 22 € Hardcover
Die Studie stützt sich auf erstmals ausgewertete Quellen und bindet die Analyse der Vertriebenideologie in die Diskussion der politisch-gesellschaftlichen, völkerrechtlichen und internationalen Entwicklungen ein. Dabei treten besorgniserregende Verquickungen staatlicher Stellen und völkischer Interessenverbände zutage.

Joachim Perels/Rolf Pohl (Hrsg.)
NS-Täter in der deutschen Gesellschaft
ISBN 3-930345-37-4 167 Seiten 9,80 €
Der durch Verleugnungen und Verdrängungen bestimmte Umgang mit der nationalsozialistischen Despotie wird exemplarisch auf zwei Feldern untersucht: auf dem Gebiet des Strafrechts und der individuellen psychischen Reaktionsweisen.

Sabine Moller
Die Entkonkretisierung der NS-Herrschaft in der Ära Kohl
Die neue Wache – Das Denkmal für die ermordeten Juden in Europas – Das Haus der Geschichte der Bundesrepublik Deutschland
ISBN 3-930345-15-3 115 Seiten 8,40 €
Anders als in rechtskonservativen Umdeutungen der NS-Herrschaft, die den Historikerstreit auslösten, verfolgten die Regierung Kohl und die mit ihr kooperierenden Historiker eine andere Linie: Das wirkliche Geschehen wird weder geleugnet noch anders bewertet. Es wird entkonkretisiert.

Klaus Ahlheim
Geschöntes Leben
Eine deutsche Wissenschaftskarriere
ISBN 3-930345-24-2 92 Seiten 12 €
Klaus Ahlheim beschreibt am Beispiel des emeritierten Marburger Sozialethikers Dietrich von Oppen den Beginn einer Wissenschaftskarriere im NS-Staat und ihre erfolgreiche Fortsetzung nach 1945.

Kritische Interventionen Band 6
Gewalt und Zivilisation in der bürgerlichen Gesellschaft
ISBN 3-930345-29-3 267 Seiten 12,40 €
Die Beiträge in diesem Band analysieren auf verschiedenen Ebenen die Ursachen von Gewalt in den sozialen Beziehungen und konfrontieren ihre ideologische Verschleierung mit der gesellschaftlichen Wirklichkeit.

Michael Buckmiller/Dietrich Heimann/Joachim Perels (Hrsg.)
Judentum und politische Existenz
Siebzehn Portraits deutsch-jüdischer Intellektueller
ISBN 3-930345-21-8 419 Seiten 22 € Leinen mit Schutzumschlag
Die politische Existenz der Juden, die in diesem Band porträtiert werden, war prekär. Im Denken der Verfemten sind die Erfahrungen, Erkenntnisse und Hoffnungen der Ermordeten in bestimmten Maße bewahrt.

Michael Buckmiller/Joachim Perels (Hrsg.)
Opposition als Triebkraft der Demokratie
Bilanz und Perspektiven der zweiten Republik
ISBN 3-930345-13-7 566 Seiten 24,90 € geb. mit Schutzumschlag
Erst in einem schwierigen Prozeß der Auseinandersetzung mit tradierten autoritären Einstellungen und Interessen hat sich die vom Grundgesetz konstituierte zweite Demokratie herausgebildet; er ist bis heute nicht abgeschlossen.

Neville Alexander/Jutta Limbach/Joachim Gauck
Wahrheitspolitik in Deutschland und Südafrika
Drei Pfade zur Aufarbeitung der Vergangenheit
ISBN 3-930345-27-7 98 Seiten 9 €
Die unterschiedliche historische Praxis der Überwindung durch »Entnazifizierung« und »reeducation«, der Aktivitäten der »Gauck-Behörde« und die bisher einmalige Arbeit der südafrikanischen Wahrheitskommission zeigen die mannigfaltigen Schwierigkeiten des Übergangs und der Einübung in eine stabile Demokratie.